| 兵庫県 | 今津線 | 宝塚駅~今津駅 |
| --- | --- | --- |
| 兵庫県 | 甲陽線 | 夙川駅~甲陽園駅 |
| 大阪府 | 箕面線 | 石橋阪大前駅~箕面駅 |
| 大阪府 | 千里線 | 天神橋筋六丁目駅~北千里駅 |
| 京都府 | 嵐山線 | 桂駅~嵐山駅 |

## 《中部地域》
### ●JR東海

| 運行地域 | 路線名 | 運行区間 |
| --- | --- | --- |
| 愛知県 | 東海道本線 | 豊橋駅~大垣駅 |
| 愛知県 | 中央本線 | 名古屋駅~多治見駅 |
| 愛知県 | 関西本線 | 名古屋駅~四日市駅 |
| 愛知県 | 武豊線 | 大府駅~武豊駅 |

### ●近畿日本鉄道

| 運行地域 | 路線名 | 運行区間 |
| --- | --- | --- |
| 愛知県~三重県 | 名古屋線 | 近鉄名古屋駅~伊勢中川駅 |

### ●名古屋鉄道

| 運行地域 | 路線名 | 運行区間 |
| --- | --- | --- |
| 愛知県~岐阜県 | 名古屋本線 | 豊橋駅~名鉄岐阜駅 |
| 愛知県~岐阜県 | 犬山線 | 枇杷島分岐点~新鵜沼駅 |
| 愛知県 | 空港線 | 常滑駅~中部国際空港駅 |
| 愛知県 | 小牧線 | 上飯田駅~犬山駅 |
| 愛知県 | 常滑線 | 神宮前駅~常滑駅 |
| 愛知県 | 築港線 | 大江駅~東名古屋港駅 |
| 愛知県 | 瀬戸線 | 栄町駅~尾張瀬戸駅 |

### ●愛知環状鉄道

| 運行地域 | 路線名 | 運行区間 |
| --- | --- | --- |
| 愛知県 | | 岡崎駅~高蔵寺駅 |

### ●東海交通事業

| 運行地域 | 路線名 | 運行区間 |
| --- | --- | --- |
| 愛知県 | 城北線 | 枇杷島駅~勝川駅 |

### ●名古屋臨海高速鉄道

| 運行地域 | 路線名 | 運行区間 |
| --- | --- | --- |
| 愛知県 | あおなみ線 | 名古屋駅~金城ふ頭駅 |

## 《関東地域》
### ●JR東日本

| 運行地域 | 路線名 | 運行区間 |
| --- | --- | --- |
| 東京都~神奈川県 | 東海道本線 | 東京駅~小田原駅 |
| 東京都 | 山手線 | 大崎駅~新宿駅~池袋駅~上野駅~大崎駅 |
| 東京都~埼玉県 | 上野東京ライン・宇都宮線 | 東京駅~大宮駅 |
| 神奈川県~東京都~埼玉県 | 湘南新宿ライン | 横浜駅~新宿駅~大宮駅 |
| 東京都 | 中央線 | 東京駅~高尾駅 |

| 東京都~千葉県~茨城県 | 常磐線快速・上野東京ライン | 品川駅~取手駅 |
| --- | --- | --- |
| 東京都~埼玉県~茨城県 | 常磐線各駅停車 | 北千住駅~取手駅 |
| 東京都・千葉県 | 京葉線 | 東京駅~蘇我駅 |
| | | 西船橋駅~南船橋駅 |
| | | 市川塩浜駅~西船橋駅 |
| 神奈川県 | 横浜線 | 東神奈川駅~八王子駅 |
| 東京都・千葉県 | 武蔵野線 | 府中本町駅~西船橋駅 |
| 東京都~神奈川県 | 南武線 | 川崎駅~立川駅 |
| 東京都 | 青梅線 | 立川駅~奥多摩駅 |
| 神奈川県 | 相模線 | 茅ヶ崎駅~橋本駅 |
| 神奈川県 | 鶴見線 | 鶴見駅~海芝浦駅・大川駅・扇町駅 |
| 東京都 | 五日市線 | 拝島駅~武蔵五日市駅 |

### ●小田急電鉄

| 運行地域 | 路線名 | 運行区間 |
| --- | --- | --- |
| 東京都~神奈川県 | 小田原線 | 新宿駅~小田原駅 |
| 神奈川県 | 江ノ島線 | 相模大野駅~片瀬江ノ島駅 |
| 神奈川県~東京都 | 多摩線 | 新百合ヶ丘駅~唐木田駅 |

### ●京王電鉄

| 運行地域 | 路線名 | 運行区間 |
| --- | --- | --- |
| 東京都 | 京王線 | 新宿駅~京王八王子駅 |
| 東京都 | 井の頭線 | 渋谷駅~吉祥寺駅 |
| 東京都~神奈川県 | 相模原線 | 調布駅~橋本駅 |
| 東京都 | 高尾線 | 北野駅~高尾山口駅 |
| 東京都 | 競馬場線 | 東府中駅~府中競馬正門前駅 |
| 東京都 | 動物園線 | 高幡不動駅~多摩動物公園駅 |

### ●京成電鉄

| 運行地域 | 路線名 | 運行区間 |
| --- | --- | --- |
| 東京都~千葉県 | 本線 | 京成上野駅~京成船橋駅~成田空港駅 |
| 東京都~千葉県 | 成田空港線(成田スカイアクセス) | 京成高砂駅~千葉ニュータウン中央駅~空港第2ビル駅 |
| 東京都 | 押上線 | 押上駅~青砥駅 |
| 東京都 | 金町線 | 京成高砂駅~京成金町駅 |
| 千葉県 | 東成田線 | 京成成田駅~東成田駅 |
| 千葉県 | 千葉線 | 京成津田沼駅~千葉中央駅 |
| 千葉県 | 千原線 | 千葉中央駅~ちはら台駅 |

## ●新京成電鉄

| 運行地域 | 路線名 | 運行区間 |
|---|---|---|
| 千葉県 | 新京成線 | 松戸駅～京成津田沼駅 |

## ●北総鉄道・千葉ニュータウン鉄道

| 運行地域 | 路線名 | 運行区間 |
|---|---|---|
| 東京都～千葉県 | 北総線 | 京成高砂駅～印旛日本医大駅 |

## ●芝山鉄道

| 運行地域 | 路線名 | 運行区間 |
|---|---|---|
| 千葉県 | 芝山鉄道線 | 東成田駅～芝山千代田駅 |

## ●京浜急行電鉄

| 運行地域 | 路線名 | 運行区間 |
|---|---|---|
| 東京都～神奈川県 | 本線 | 泉岳寺駅～浦賀駅 |
| 東京都 | 空港線 | 京急蒲田駅～羽田空港第1・第2ターミナル駅 |
| 神奈川県 | 大師線 | 京急川崎駅～小島新田駅 |
| 神奈川県 | 久里浜線 | 堀ノ内駅～三崎口駅 |
| 神奈川県 | 逗子線 | 金沢八景駅～逗子・葉山駅 |

## ●相模鉄道

| 運行地域 | 路線名 | 運行区間 |
|---|---|---|
| 神奈川県 | 本線 | 横浜駅～海老名駅 |
| 神奈川県 | いずみ野線 | 二俣川駅～湘南台駅 |
| 神奈川県 | 新横浜線 | 西谷駅～新横浜駅 |

## ●西武鉄道

| 運行地域 | 路線名 | 運行区間 |
|---|---|---|
| 東京都～埼玉県 | 池袋線 | 池袋駅～飯能駅～吾野駅 |
| 東京都～埼玉県 | 新宿線 | 西武新宿駅～本川越駅 |
| 東京都 | 拝島線 | 小平駅～拝島駅 |
| 東京都 | 西武有楽町線 | 練馬駅～小竹向原駅 |
| 東京都 | 国分寺線 | 国分寺駅～東村山駅 |
| 東京都 | 西武園線 | 東村山駅～西武園駅 |
| 東京都 | 多摩湖線 | 国分寺駅～多摩湖駅 |
| 東京都 | 多摩川線 | 武蔵境駅～是政駅 |
| 東京都 | 豊島線 | 練馬駅～豊島園駅 |
| 埼玉県 | 狭山線 | 西所沢駅～西武球場前駅 |

## ●東急電鉄

| 運行地域 | 路線名 | 運行区間 |
|---|---|---|
| 東京都～神奈川県 | 東横線 | 渋谷駅～横浜駅 |
| 東京都～神奈川県 | 田園都市線 | 渋谷駅～中央林間駅 |
| 神奈川県 | 東急新横浜線 | 日吉駅～新横浜駅 |
| 東京都～神奈川県 | 目黒線 | 目黒駅～田園調布駅 |
| 東京都～神奈川県 | 大井町線 | 大井町駅～二子玉川駅 |
| 東京都 | 池上線 | 五反田駅～蒲田駅 |
| 東京都 | 東急多摩川線 | 多摩川駅～蒲田駅 |
| 東京都 | 世田谷線 | 三軒茶屋駅～下高井戸駅 |
| 神奈川県 | こどもの国線 | 長津田駅～こどもの国駅 |

※横浜高速鉄道が線路を保有

## ●横浜高速鉄道

| 運行地域 | 路線名 | 運行区間 |
|---|---|---|
| 神奈川県 | みなとみらい線 | 横浜駅～元町・中華街駅 |

## ●東武鉄道

| 運行地域 | 路線名 | 運行区間 |
|---|---|---|
| 東京都～埼玉県～群馬県 | 伊勢崎線 | 浅草駅～伊勢崎駅（路線愛称：東武スカイツリーライン　浅草駅～東武動物公園駅間、押上駅～曳舟駅間） |
| 東京都 | 亀戸線 | 曳舟駅～亀戸駅 |
| 東京都 | 大師線 | 西新井駅～大師前駅 |
| 埼玉県～千葉県 | 野田線 | 大宮駅～春日部駅～船橋駅（路線愛称：東武アーバンパークライン） |
| 東京都～埼玉県 | 東上本線 | 池袋駅～坂戸駅～寄居駅 |

キミの町を走る鉄道はあるかな

# 「いろいろな鉄道」は、こんな鉄道たちだ!

本書で取り上げる「いろいろな鉄道」は、10種類のカテゴリーに分かれています。それぞれがどのような鉄道なのかを紹介します。

※鉄道カテゴリー別に、運行事業者の運行路線リストを表紙裏の前と後ろに掲載しています。ただし、観光列車、貨物列車、電気機関車&ディーゼル機関車は、全国の様々な場所を走っているため、運行路線リストには掲載していません。

## ■大都市圏鉄道

　大都市圏とは、政令指定都市(「区」で区分される市)と、東京都区部(東京23区)周辺のことを指します。具体的には、東京都区部、札幌市、仙台市、新潟市、さいたま市、千葉市、横浜市、川崎市、相模原市、静岡市、浜松市、名古屋市、京都市、大阪市、堺市、神戸市、岡山市、広島市、北九州市、福岡市、熊本市の21市が該当し、これは日本の21大都市といわれています。

　そして日本の3大都市圏といわれているのが東京圏(首都圏)、大阪圏(近畿地方)、名古屋圏(中部地方)で、上記の21大都市の多くがこれに組み込まれています。この3大都市圏には、日本の総人口の約半数が集まっています。そのため鉄道も、3大都市圏内で大きく発達しています。JRをはじめ大手私鉄や中小私鉄、地下鉄、モノレール、路面電車、新交通システムなど、様々な鉄道会社と鉄道システムが、各圏内を縦横無尽に走り回っています。

　また、近年は福岡地区(北九州地方)や札幌地区の発展が進んでいることから、これらを含めて5大都市圏とよばれることも多くなっています。本書では、札幌地区を除く4大都市圏の鉄道から出題します。札幌地区の鉄道は地下鉄、路面電車のカテゴリーで出題します。

近代的なドーム屋根に覆われたJR大阪駅。5大都市圏の拠点駅は、その歴史や発展を象徴する造りになっている

# 「いろいろな鉄道」は、こんな鉄道だ！

## ■地下鉄

　地下鉄の正式名称は地下鉄道です。路線のすべて、または大部分が地下を走る鉄道を指します。トンネルを掘るので建設費が高くなることから、地下鉄は確実に需要が望める5大都市圏に集中しています。5大都市圏以外では仙台市内にあります。

　道路と交差することがなく、天候にも左右されないことから定時性が高く、都市部や住宅密集地でも簡単に鉄道が敷設できることも特徴となっています。また、東京、大阪、名古屋、福岡各都市圏では、近年は地上鉄道との乗り入れが盛んにおこなわれています。現在の地下鉄事業者は10事業者になっています。

スマホのような未来的デザインの都営三田線6500形は、東急目黒線～東横線経由で東急新横浜線にも乗り入れる

## ■路面電車

　路面電車とはその名のとおり、道路上に敷かれた線路を、クルマと共存しながら走る鉄道のことです。法律上では軌道線（軌道鉄道）に分類されますが、道路上を走らない軌道線も多く存在することから、道路上を走る軌道鉄道を「路面電車」とよぶことが一般的になっています。

　かつては日本中の主要都市に路面電車がありましたが、自動車の普及で道路交通に支障をきたすということで廃止が進みました。しかし、近年は環境に良いエコな交通機関として見直されており、栃木県宇都宮市では新規路線が開通しています。現在の路面電車事業者は17事業者になっています。

道路との併用軌道を行く都営荒川線。首都圏で「路面電車」とよばれる鉄道は、この荒川線が唯一の存在だ

3

■モノレール

　モノレールとは、基本的に1本のレールを用いて走る鉄道を指します。その語源は、ギリシャ語のmono（ひとつの）と、英語のrail（レール）の造語です。そして、モノレールにはレールにぶら下がって走行する懸垂式と、レールにまたがって走行する跨座式の2種類があります。土地が少ない場所でも、道路上などのわずかなスペースに建設できることから、都市部やベッドタウンの郊外で多く見ることができます。現在のモノレール事業者は8事業者になっています。

JR小倉駅に乗り入れた北九州モノレールは、駅ビルの正面の壁面部から出入りする

■新交通システム

　新交通システムは小型車両が案内軌条付きの専用軌道をゴムタイヤで走り、基本的に無人の自動運転方式がとられている鉄道です。省スペースで建設・運営できることから、都市部の新規路線に導入されるケースが多いです。1981年に神戸新交通ポートアイランド線に初めて導入され、現在は10事業者が営業しています。

八景島シーパラダイスへ向かう新交通システムとして有名な金沢シーサイドライン

■ケーブルカー

　普通鉄道では登坂できない急勾配区間に敷設される鉄道です。その名のとおり車両が鋼鉄製ケーブル（鋼索）でつながれており、頂上駅にある巻上装置によって車両を上下させます。ケーブルカーは、法律上は鋼索鉄道に分類され、鉄道事業法に基づく営業路線は21路線ですが、ほかにも遊戯施設や個人所有のものが多数あります。山岳地帯の観光客輸送に用いられる路線がほとんどですが、中には日常の足として活躍する路線もあります。

奈良県の生駒ケーブルで活躍する白樺号は、1953年製のケーブルカー現役最古参車両だ

## ■観光列車

観光列車は移動のためだけではなく、乗ること自体を目的とした列車です。もちろん、行き先は有名観光地が多いですが、豪華な車内設備でくつろいだり、車内で提供されるおいしい料理を味わったりと、様々な楽しみ方ができる列車が全国で運行されています。

1日最大3往復運転される五能線の人気観光列車「リゾートしらかみ」

## ■SL列車（蒸気機関車）

SLとはSteam Locomotiveの頭文字を取った略称で、蒸気機関車を指します。現在のSL列車はすべて観光用で、JR北海道、JR東日本、JR西日本、東武鉄道、真岡鐵道、秩父鉄道、大井川鐵道で運行されています。

最近SL列車に力を入れている東武鉄道は、C11形蒸気機関車を3両保有する

## ■貨物列車

貨物列車は人ではなく物を運ぶ列車です。農産物や工業製品、石油や鉱物、セメントも運びます。また、運ぶものに合わせた様々なタイプの貨車があります。

コンテナが主役の貨物列車だが、石油を輸送するタンク貨物も多く運行されている

## ■電気機関車＆ディーゼル機関車

走行装置を持たない貨車や客車は自力で走ることができません。そこで、必要になるのが機関車です。強力な走行装置を積んだ機関車は、1両で何十両もの貨車や客車を引くことができます。現在は、蒸気機関車は観光用になっていて、実際に輸送に活躍しているのは電気機関車とディーゼル機関車です。電気機関車は架線のある電化区間しか走れませんが、ディーゼル機関車は電化区間・非電化区間の両方を走ることができます。

強力パワーの機関車だが、ディーゼル機関車よりも電気機関車のほうがパワーがある

## 全国に広がる特別車両

　特別車両とは、車内の設備をグレードアップした車両で、一部には座席指定制を取り入れたものも見られます。最近では、需要の多い都市圏、空港アクセス列車、私鉄の特急電車を中心に特別車両の導入が進んでいます。乗車するには乗車券のほかに特別車両料金が必要です。

さあ、鉄道クイズの旅のはじまりだぞ

クイズ001

## 特別車両の車両・車内の写真とシート名を正しくむすぼう。

ヒント！ P10とP11に注目!!

① ● ― ● JR北海道・快速エアポートuシート
② ● ― ● 京阪・PREMIUM CAR（プレミアムカー）
③ ● ― ● 阪急・PRiVACE（プライベース）
④ ● ― ● JR西日本・新快速Aシート

※答えはP106にあります

いろいろな鉄道：大都市圏鉄道クイズ

カラー企画★クイズ

①

②

③

④

※京阪の車内の写真は京阪電気鉄道提供、阪急の車内の写真は阪急電鉄提供

# 各地を代表する観光列車

超難問！

観光列車はJR旅客会社、そして私鉄各社で様々なタイプが走っており、そのスタイルやカラーリングも様々です。

クイズ002

各地を代表する観光列車の写真①～⑧と列車名A～Hをむすぼう。

①

②

③

④

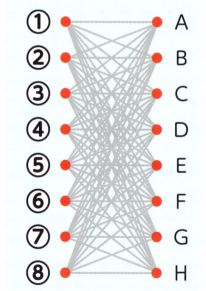

① — A
② — B
③ — C
④ — D
⑤ — E
⑥ — F
⑦ — G
⑧ — H

※答えはP107にあります

## いろいろな鉄道：観光列車クイズ

A＝JR北海道「キハ261系ラベンダー編成・はまなす編成」
　北海道周遊ツアー列車などでも運行される観光列車的な車両。

B＝JR東日本「リゾートしらかみ」
　JR東日本随一の絶景路線である五能線で運行される観光列車。

C＝西武鉄道「52席の至福」
　首都圏大手私鉄の西武鉄道が運行するレストラン列車。

D＝JR西日本「WEST EXPRESS 銀河」
　かつての在来線長距離列車の旅を現在によみがえらせたような観光列車。

E＝近畿日本鉄道「しまかぜ」
　伊勢志摩の賢島駅を目指す週6日運行の豪華観光列車。

F＝JR四国「伊予灘ものがたり」
　海を向いたシートで食事を楽しみながら美しい瀬戸内海沿いを走行。

G＝JR九州「ふたつ星4047」
　2022年の西九州新幹線開業に合わせて誕生した周遊観光列車。

H＝西日本鉄道「THE RAIL KITCHEN CHIKUGO」
　焼きたてピザやフルコース料理を楽しめる福岡を走るレストラン列車。

## 鉄道車両のカラーリング

車両カラーの見極めは鉄道博士への第一歩だぞ

　鉄道車両のカラーリングは様々で、色とりどりの車両が日本全国を走っています。一方で、私鉄の車両では伝統的なカラーリングを守り、地域の特色として定着しているものや、JRの車両では会社ごとに定められたコーポレートカラーを取り入れた車両も多く見られます。大都市圏では路線ごとのカラーを定め、そのラインカラーの車両を走らせて乗客の目印にしている例もあります。

### ■大手私鉄の伝統カラー

**クイズ003** 各社の伝統カラーをまとった車両とその私鉄名を正しくむすぼう。

① ー 小田急電鉄
② ー 京浜急行電鉄
③ ー 名古屋鉄道
④ ー 
⑤ ー 阪急電鉄
⑥ ー

※答えはP108にあります

いろいろな鉄道：カテゴリー別クイズ

## ■ JR各社のコーポレートカラーを取り入れた車両

**クイズ 004** JR各社のカラーをまとった車両とその会社名を正しくむすぼう。

JR各社のコーポレートカラーが車両の色になっているぞ

① ● ● JR東日本
② ● ● JR東海
③ ● ● JR西日本
④ ● ● JR九州
⑤ ● ● JR四国
⑥ ● ● JR北海道

カラー企画★クイズ

# ■首都圏の路線カラー（JR線）

**クイズ 005** 首都圏を走る主要路線の車両と路線名を正しくむすぼう。

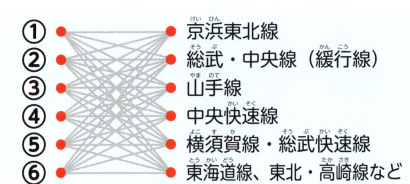

① ● 京浜東北線
② ● 総武・中央線（緩行線）
③ ● 山手線
④ ● 中央快速線
⑤ ● 横須賀線・総武快速線
⑥ ● 東海道線、東北・高崎線など

これはかなりの難問だ！

※答えはP109にあります

いろいろな鉄道：カテゴリー別クイズ

### ■東京の地下鉄カラー

**クイズ006** 東京を走る地下鉄の車両と路線名を正しくむすぼう。

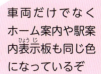

車両だけでなくホーム案内や駅案内表示板も同じ色になっているぞ

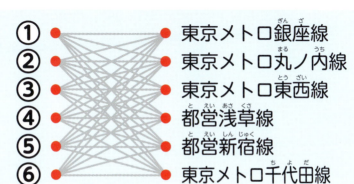

① ● 東京メトロ銀座線
② ● 東京メトロ丸ノ内線
③ ● 東京メトロ東西線
④ ● 都営浅草線
⑤ ● 都営新宿線
⑥ ● 東京メトロ千代田線

カラー企画★クイズ

## ■路面電車

**クイズ 007**

リアルなチャギントン電車や、MOMOやKUROといったユニークな愛称の電車を走らせている路面電車運行会社は？

> MOMOは地元で有名な昔話の主人公の名前からきているぞ

目玉まであるリアルなチャギントン電車　　低床のスタイリッシュデザインのMOMO

## ■モノレール

**クイズ 008**

沖縄県を走るモノレール「ゆいレール」の説明として正しいのは、次の1～3のうちのどれ？

1＝日本最南端と最西端の駅がある
2＝最高速度80km/hをほこる
3＝すべての列車が2両編成で運行される

> 沖縄は日本でいちばん暖かい県だぞ

ゆいレールは那覇市から浦添市へ路線が延び、2023年から3両編成が登場

※答えはP110-111にあります

## ■新交通システム

**クイズ009**

新幹線E6系などを手がけた奥山清行氏がデザインした車両が走る兵庫県の新交通システムは？

奥山清行氏がデザインした3000形

> ヒント！ 兵庫県では1社が2路線運行しているよ

## ■ケーブルカー

**クイズ010** 日本で最初に開業したケーブルカーは？

犬と猫をデザインしたユニークな車両が走る

> 奈良県の生駒山のふもとで運行されているぞ

## ■SL列車

**クイズ011**

1975年に国鉄線上からSLが消えたが、その4年後に山口県の国鉄線で復活した。その路線と列車名は？

復活当初から走る続けるC57形1号機

> 本州の西端で運行しているぞ

## ■電気機関車＆ディーゼル機関車

**クイズ012** JR貨物が新造した機関車には愛称名が付いている。車両と愛称名を正しくむすぼう。

① ● ● 金太郎
② ● ● 桃太郎
③ ● ● ブルーサンダー
④ ● ● レッドサンダー
⑤ ● ● レッドベアー

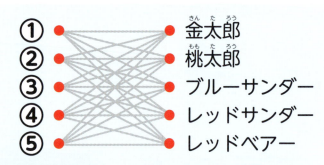

① EF210形

④ EF510形

② EH200形

⑤ DF200形

③ EH500形

超難問！

※答えはP111にあります

## 日本一周 鉄道クイズの旅 いろいろな鉄道編
もくじ

■表紙裏(前)
　大都市圏鉄道・運行路線リスト
■表紙裏(後)
　地下鉄、路面電車、モノレール、
　新交通システム、ケーブルカー、
　SL列車・運行路線リスト

■「いろいろな鉄道」は、こんな鉄
　道たちだ!
10種のカテゴリーを紹介 ………… 2
■カラー企画クイズ
全国に広がる特別車両クイズ
クイズ 1 ……………………… 6
各地を代表する観光列車クイズ
クイズ 2 ……………………… 8
鉄道車両のカラーリングクイズ
クイズ 3 〜 6 …………………… 10
カテゴリー別クイズ
クイズ 7 〜 12 ………………… 14
答え 1 〜 12 ………………… 106

はじめに ……………………… 18
この本の使い方 ……………… 19

全国で活躍するいろいろな鉄道
地域・都道府県別事業者・名称(通称)
……………………………… 20

### 大都市圏鉄道クイズ
クイズ & 答え 13 〜 38 ………… 22

### 地下鉄クイズ
クイズ & 答え 39 〜 48 ………… 42

### 路面電車クイズ
クイズ & 答え 49 〜 59 ……… 50

### モノレールクイズ
クイズ & 答え 60 〜 66 ……… 58/64

### 新交通システムクイズ
クイズ & 答え 67 〜 74 ……… 63/69

### ケーブルカークイズ
クイズ & 答え 75 〜 79 ………… 70

### 観光列車クイズ
クイズ & 答え 80 〜 89 ……… 74

### SL 列車クイズ
クイズ & 答え 90 〜 96 ……… 82/88

コラム
SLの頭のアルファベットにはどうい
う意味があるの? ……………… 87
重連運転って何? ……………… 89

### 貨物列車クイズ
クイズ & 答え 97 〜 109 …… 90/100

### 電気機関車&ディーゼル機関車クイズ
クイズ & 答え 110 〜 117 …… 99/101

# はじめに

　鉄道は、子どものころに一度は好きになる乗りものです。大好きなままおとなになり、鉄道に関係する仕事につく人、そして鉄道に関係のない仕事をしていても趣味として鉄道を楽しみ、人生を豊かにしている人もたくさんいます。たとえ途中で興味がなくなってしまっても、大好きだった時に覚えた知識は完全に忘れることはなく、日常生活の中で大いに役立つこともあります。

　クイズ形式の本書は、楽しみながら、そして考えながら鉄道の様々な知識を覚えていくことができます。鉄道のことをあまり知らなくても、正解にたどり着けるヒントが地域・都道府県別事業者・名称（通称）リスト、鉄道カテゴリー別運行路線リスト、鉄道博士のふきだしなどに散りばめられています。

　クイズを解くのも楽しいですが、答えの補足説明や「豆知識」を読んでみると、あなたの鉄道知識がより深いものになっていきます。

　『日本一周 鉄道クイズの旅』第3巻は、首都圏・中部・近畿・北九州の大都市圏で運行している鉄道をはじめ、地下鉄、路面電車、モノレール、新交通システム、ケーブルカー、観光列車、SL列車、電気機関車＆ディーゼル機関車といったいろいろな鉄道にまつわる内容です。クイズを解きながら地理、歴史、路線、車両、そして鉄道旅の楽しみ方などを伝えていきます。

編集部

●本書のデータは2024年12月末現在

# この本の使い方

ここに書いてあることは、本の使い方というだけではありません。ヒントや解答を見つける方法も書いてあるので、クイズを始める前に読むといいでしょう。

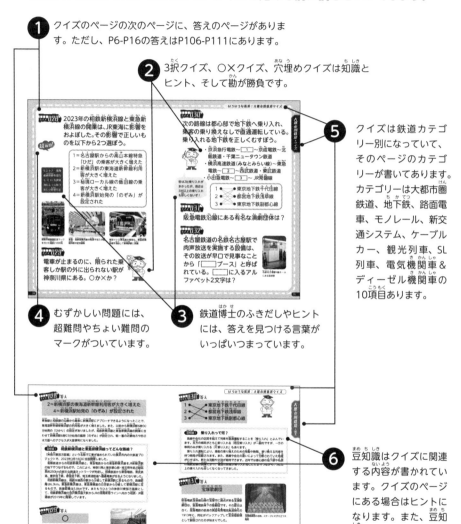

① クイズのページの次のページに、答えのページがあります。ただし、P6-P16の答えはP106-P111にあります。

② 3択クイズ、〇×クイズ、穴埋めクイズは知識とヒント、そして勘が勝負です。

③ 鉄道博士のふきだしやヒントには、答えを見つける言葉がいっぱいつまっています。

④ むずかしい問題には、超難問やちょい難問のマークがついています。

⑤ クイズは鉄道カテゴリー別になっていて、そのページのカテゴリーが書いてあります。カテゴリーは大都市圏鉄道、地下鉄、路面電車、モノレール、新交通システム、ケーブルカー、観光列車、SL列車、電気機関車&ディーゼル機関車の10項目あります。

⑥ 豆知識はクイズに関連する内容が書かれています。クイズのページにある場合はヒントになります。また、豆知識だけでなく、地図（P20-21）や運行路線リスト（表紙裏）もヒントになります。

# 全国で活躍するいろいろな鉄道
## 地域・都道府県別事業者・名称（通称）

クイズがわからない時はこの地図をよーく見よう！

●新潟県新潟市、福島県会津若松市
■SL列車
・JR東日本（SLばんえつ物語）

●大阪府大阪市
■地下鉄
・大阪市高速電気軌道（大阪メトロ）
■新交通システム
・大阪市高速電気軌道（大阪メトロ）

●兵庫県神戸市
■地下鉄
・神戸市交通局（神戸市営地下鉄）
■新交通システム
・神戸新交通（ポートライナー、六甲ライナー）
■ケーブルカー
・神戸六甲鉄道（六甲ケーブル線）
・こうべ未来都市機構（摩耶ケーブル線）

●大阪府大阪市、堺市
■路面電車
・阪堺電気軌道（阪堺線）

●京都府京都市
■地下鉄
・京都市交通局（京都市営地下鉄）
■路面電車
・京福電気鉄道（嵐電）
■ケーブルカー
・京福電気鉄道（叡山ケーブル）
・鞍馬寺（鞍馬山鋼索鉄道）

●富山県富山市
■路面電車
・富山地方鉄道（富山地鉄市内電車）

●富山県高岡市、射水市
■路面電車
・万葉線

●滋賀県大津市
■ケーブルカー
・比叡山鉄道（坂本ケーブル）

●富山県立山町
■ケーブルカー
・立山黒部貫光（立山鋼索線、黒部鋼索線）

●広島県広島市
■路面電車
・広島電鉄（広電市内線）
■新交通システム
・広島高速交通（アストラムライン）

●大阪府豊中市、門真市
■モノレール
・大阪モノレール（本線）

●滋賀県大津市、京都府京都市
■路面電車
・京阪電気鉄道（京阪京津線）

●大阪府吹田市、茨木市
■ケーブルカー
・大阪モノレール（彩都線）

●福井県福井市
■路面電車
・福井鉄道

●福岡県福岡市
■地下鉄
・福岡市交通局（福岡市地下鉄）

●岡山県岡山市
■路面電車
・岡山電気軌道

●大阪府八尾市
■ケーブルカー
・近畿日本鉄道（西信貴ケーブル）

●京都府宮津市
・丹後海陸交通（天橋立ケーブルカー）

●福岡県北九州市
■モノレール
・北九州高速鉄道（北九州モノレール）
■ケーブルカー
・皿倉登山鉄道（皿倉ケーブルカー）

●山口県山口市、島根県津和野町
■SL列車
・JR西日本（SLやまぐち号）

●京都府八幡市
・京阪電気鉄道（男山ケーブル）

●大分県別府市
■ケーブルカー
・ラクテンチ（別府ラクテンチケーブルカー）

●北九州地方
■大都市圏鉄道事業者
・JR九州
・西日本鉄道

●愛知県名古屋市
■地下鉄
・名古屋市交通局（名古屋市営地下鉄）

●長崎県長崎市
■路面電車
・長崎電気軌道（長崎電軌）

●和歌山県高野町
■ケーブルカー
・南海電気鉄道（高野山ケーブル）

●愛知県豊橋市
■路面電車
・豊橋鉄道（豊橋市内線）

●熊本県熊本市
■路面電車
・熊本市交通局（熊本市電）

●高知県高知市、南国市、いの町
■路面電車
・とさでん交通

●近畿地方
■大都市圏鉄道事業者
・JR西日本
・近畿日本鉄道
・京阪電気鉄道
・南海電気鉄道
・阪急電鉄
・阪神電気鉄道

●愛知県名古屋市、豊田市
■新交通システム
・愛知高速交通（リニモ）

●鹿児島県鹿児島市
■路面電車
・鹿児島市交通局（鹿児島市電）

●香川県高松市
■ケーブルカー
・四国ケーブル（八栗ケーブル）

●奈良県生駒市
■ケーブルカー
・近畿日本鉄道（生駒ケーブル）

●愛媛県松山市
■路面電車
・伊予鉄道（松山市内線）

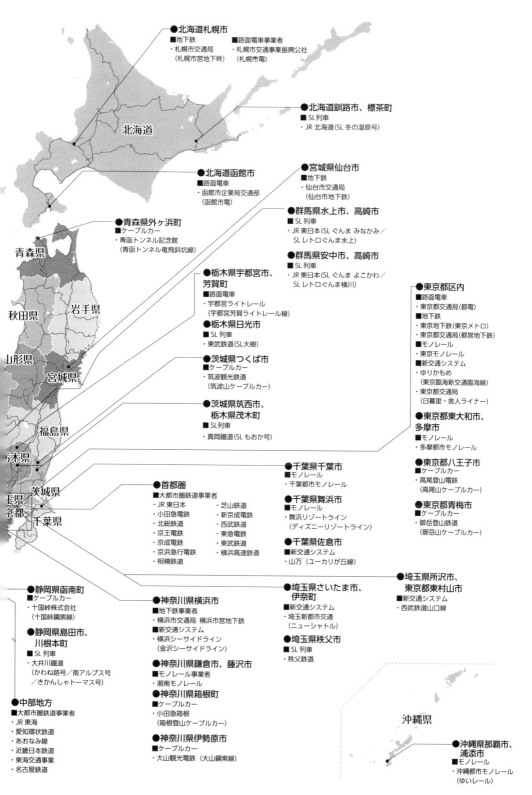

# いろいろな鉄道の「大都市圏鉄道」クイズ

## クイズ013

日本で初めて鉄道が開業したのは、いつ？

1 = 1872（明治5）年
2 = 1916（大正5）年
3 = 1930（昭和5）年

旧新橋駅跡には駅舎が再現され、歴史資料館「旧新橋停車場」となっている。周辺は再開発により高層ビルが建つ

鉄道開業時のイギリス製「1号機関車（150形蒸気機関車）」。国の重要文化財でさいたま市の鉄道博物館で見られる

## クイズ014

日本最大の路線網をもつ私鉄である近畿日本鉄道は、大阪府、京都府、□□□県、三重県、愛知県を通っている。□□□に入る県は？

大仏と鹿で有名な県だぞ

## クイズ015

千葉県の芝山鉄道は日本でいちばん路線距離が短い鉄道会社である。その距離は、1～3のうちのどれ？

1 = 2.2km
2 = 3.2km
3 = 4.2km

たった2駅だけの鉄道だぞ

終点の芝山千代田駅舎は芝山鉄道の本社機能も兼ねている

## クイズ016 超難問！

首都圏の大手私鉄9社を路線距離の長い順に並べると、｜1位｜、2位東京地下鉄（東京メトロ）、3位西武鉄道、4位京成電鉄、｜5位｜、6位東急電鉄、｜7位｜、8位京王電鉄、9位相模鉄道となる。□の組み合わせとして正しいのは、A〜Cのどれ？

A＝1位東武鉄道　5位京浜急行電鉄　7位小田急電鉄
B＝1位小田急電鉄　5位東武鉄道　7位京浜急行電鉄
C＝1位東武鉄道　5位小田急電鉄　7位京浜急行電鉄

## クイズ017

日本の大手私鉄で最長12両編成の電車が走るのは、1〜3のうちのどれ？

1＝東急電鉄　2＝小田急電鉄　3＝京浜急行電鉄

---

**豆知識！** 編成ってなに？

編成とは鉄道を運転するために車両を何両か連結しているもののことで、その連結する車両数によって〇両編成といいます。

列車の編成を長くすることは輸送力を高めるには有効な手段です。戦後間もない頃は2、3両の編成が中心でしたが、利用者の増加により編成が長くなっていきました。そのため、ホームの延伸、駅構内のポイントの移設のほか、車両の増備、車庫の拡大、増設などが進められました。

また、一定の両数まで長くなったため、それ以降は電車の運行本数を高めるため、安全な保安装置の導入が進められ、効率良く輸送するための工夫や、莫大な投資が各鉄道会社によっておこなわれています。

 答え

## 1 ＝ 1872（明治5）年

日本で最初の鉄道は、1872（明治5）年に東京都の新橋駅と神奈川県の横浜駅間で開業しました。当時の新橋駅は、1986年に廃止された汐留貨物駅が置かれていた場所、横浜駅は現在の桜木町駅周辺にありました。両駅間の所要時間は53分、表定速度は32.8km/hでした。

> **豆知識！ 表定速度って何？**
> 表定速度は、出発駅から到着駅までの距離を、実際にかかった運行時間で割ることで算出した「運行中の平均速度」といえます。最高速度が同じでも、停車駅が多い列車や停車時間が長い列車は表定速度が遅くなります。

クイズ014 答え

## 奈良

近畿日本鉄道は近畿地方と中部地方の2府3県を走り、2024年3月現在の路線距離の合計は501.1kmです。2007年に近鉄養老線を養老鉄道へ移管するまでは岐阜県内にも路線がありました。

奈良から大阪メトロに直通するけいはんな線

奈良の平城宮跡を行く特急「あおによし」

 答え

## 1 ＝ 2.2km

千葉県の東成田駅と芝山千代田駅間1区間のみで2.2km、2002年に開業した第三セクター鉄道です。次に短い鉄道はローカル私鉄の和歌山県御坊市を走る紀州鉄道で、路線距離は御坊駅～西御坊駅間の2.7kmです。

列車はすべて京成東成田線と京成本線へ直通運転しており、朝夕は京成上野駅直通列車もある

## クイズ016 答え
### C＝1位東武鉄道　5位小田急電鉄　7位京浜急行電鉄

関東で最も旅客路線距離が長いのは東武鉄道で、2位の東京地下鉄（東京メトロ）の2倍以上の路線網があります。相模鉄道はいずみ野線が延伸され、相鉄新横浜線も開通しましたが、全国でいちばん旅客路線距離が短い大手私鉄となっています。全国的に見ると、近畿日本鉄道（近鉄）が大手私鉄で1位の路線網、東武鉄道は2位、名古屋を中心に愛知県と岐阜県に路線網をもつ名古屋鉄道（名鉄）が3位です。表を参考に比較してみよう！

栃木県や群馬県も走る東武鉄道

神奈川県を縦横断する小田急電鉄

東京湾に沿って走る京浜急行電鉄

■首都圏の大手私鉄9社の路線距離

| 順位 | 事業者 | 旅客営業キロ |
|---|---|---|
| 1位 | 東武鉄道 | 463.3km |
| 2位 | 東京地下鉄（東京メトロ） | 195.0km |
| 3位 | 西武鉄道 | 176.6km |
| 4位 | 京成電鉄 | 152.3km |
| 5位 | 小田急電鉄 | 120.5km |
| 6位 | 東急電鉄 | 110.7km |
| 7位 | 京浜急行電鉄 | 87.0km |
| 8位 | 京王電鉄 | 84.7km |
| 9位 | 相模鉄道 | 42.2km |

※2023年度　一般社団法人日本民営鉄道協会発表

■中部・近畿・九州地方の大手私鉄7社の路線距離

| 順位 | 事業者 | 旅客営業キロ |
|---|---|---|
| 1位 | 近畿日本鉄道（近鉄） | 501.1km |
| 2位 | 名古屋鉄道（名鉄） | 444.2km |
| 3位 | 南海電鉄 | 153.3km |
| 4位 | 阪急電鉄 | 143.6km |
| 5位 | 西日本鉄道（西鉄） | 106.1km |
| 6位 | 京阪電鉄 | 91.1km |
| 7位 | 阪神電鉄 | 48.9km |

※2023年度　一般社団法人日本民営鉄道協会発表

## クイズ017 答え
### 3＝京浜急行電鉄

京急の1両の長さは18m、12両編成では約216m。編成全長でも私鉄日本一だ

京浜急行電鉄では本線の品川駅～金沢文庫駅間で通勤・通学ラッシュの時間を中心に、日本の大手私鉄でいちばん長い12両編成が走っています。小田急電鉄と東急電鉄は最長10両編成です。

## クイズ 018

在籍する車両数がいちばん多い私鉄は、次のうちのどの会社？

- 1 ＝ 東京地下鉄（東京メトロ）
- 2 ＝ 近畿日本鉄道
- 3 ＝ 東武鉄道

路線距離は長くないが、運行本数と編成の両数がとても多い会社じゃ

## クイズ 019

大都市圏の私鉄でいちばん距離が短い路線は、1〜3のうちのどれ？

- 1 ＝ 阪神電鉄・武庫川線
- 2 ＝ 京王電鉄・競馬場線
- 3 ＝ 東武鉄道・大師線

多客時は長編成列車も入線する

乗客は土日祝日に集中するぞ

## クイズ 020

東武鉄道伊勢崎線（東武スカイツリーライン）には、私鉄で最長の設備がある。次の1〜3のうちのどれ？

- 1 ＝ 単線区間
- 2 ＝ 複線区間
- 3 ＝ 複々線区間

たくさんの列車を運行するための設備じゃな

いろいろな鉄道：大都市圏鉄道クイズ

大都市圏鉄道★クイズ

東京都区内の大手私鉄で、全線単線の路線を持つ会社が3社ある。その鉄道会社と路線は？

超難問！

関東の鉄道ファンの間ではけっこう有名じゃな

クイズ022

京王電鉄や東急世田谷線、都電荒川線などに採用されている珍しい1372mm軌間の線路は、そのルーツから□□□軌間ともよばれている。□□□に入るものは、3つのうちのどれ？

1＝路面　2＝馬車　3＝都電

東京の路面電車のルーツを調べるとわかるぞ

鉄道線で線路幅1372mmなのは、日本では京王電鉄（井の頭線を除く全線）と都営地下鉄新宿線だけだ

軌道線では東急世田谷線と都電荒川線のほかに、函館市電でも1372mmを採用する

27

## 1＝東京地下鉄（東京メトロ）

東京地下鉄（東京メトロ）は2724両で、JRを除くと最多となっています。

■大手私鉄各社の車両保有数

| 順位 | 会社名（略称） | 在籍客車数 |
|---|---|---|
| 1位 | 東京地下鉄（東京メトロ） | 2724両 |
| 2位 | 近畿日本鉄道（近鉄） | 1877両 |
| 3位 | 東武鉄道 | 1773両 |
| 4位 | 東急電鉄 | 1303両 |
| 5位 | 阪急電鉄 | 1249両 |
| 6位 | 西武鉄道 | 1221両 |
| 7位 | 名古屋鉄道（名鉄） | 1064両 |
| 8位 | 小田急電鉄 | 1038両 |
| 9位 | 京王電鉄 | 871両 |
| 10位 | 京浜急行電鉄 | 790両 |
| 11位 | 南海電鉄 | 698両 |
| 12位 | 京阪電鉄 | 671両 |
| 13位 | 京成電鉄 | 606両 |
| 14位 | 相模鉄道 | 442両 |
| 15位 | 阪神電鉄 | 356両 |
| 16位 | 西日本鉄道（西鉄） | 298両 |

※2023年度　一般社団法人日本民営鉄道協会発表

東京メトロは車両数だけでなく、先進技術の車両を投入してきたことでも知られている

## 2＝京王電鉄・競馬場線

京王電鉄の競馬場線は東府中駅〜府中競馬場正門駅間のわずか0.9kmの路線で、2両編成の電車が走ります。同じ京王電鉄の動物園線も2.0kmの短距離路線です。大手私鉄にはほかにも短い支線が多くあり、東武鉄道大師線と西武鉄道豊島線はともにわずか1.0km、南海電鉄高師浜線の1.4km、名古屋鉄道築港線の1.5km、阪神電鉄武庫川線の1.7kmなどがあります。

府中競馬場正門駅は東京競馬開催時に対応した広いホームが特徴だが、競馬開催のない日は閑散としている

いろいろな鉄道：大都市圏鉄道クイズ

## クイズ020 答え

### 3＝複々線区間

東武鉄道伊勢崎線の北千住駅～北越谷駅間にあり、複々線の距離は18.9km。ちなみに私鉄の第2位は、京阪電鉄本線の天満橋駅～寝屋川信号所間の12.6kmです。

緩行線と急行線を分けた複々線は、1時間に最大40本の列車の運行が可能

## クイズ021 答え

### 京成電鉄金町線、東武鉄道大師線、西武鉄道豊島線

いずれの路線も味わい深い大都会の中をひっそりと走る単線路線です。特に京成電鉄金町線には、映画「男はつらいよ」の寅さんの故郷である柴又駅があり、映画に金町線の車両や駅もたびたび登場しました。

> **豆知識！** 単線、複々線ってなに？
>
> 漢字の「単」は1つという意味で、「複」は2つ以上という意味があります。つまり、単線は線路が1線、複線は2線以上ということになりますが、鉄道の世界では複線は2線ということになっています。そして、複々線は複線×2ということで合計4線の線路が敷かれていることを意味します。

路線距離2.5kmの京成電鉄金町線は、4両編成の電車が住宅地を縫うように走る

## クイズ022 答え

### 2＝馬車

1372mm軌間は、イギリス発祥の線路幅です。日本に入ってきたのは明治時代で、1882年開業の東京馬車鉄道に初採用されました。これが採用された理由は、馬が歩きやすい幅だったからです。やがて東京馬車鉄道は東京都電車（都電）となり、線路幅はそのままに発展し、やがて京王電鉄をはじめとする私鉄にも波及していったのです。現在、馬車軌間を採用する鉄道路線は、京王電鉄（井の頭線を除く全線）、都営地下鉄新宿線、都電荒川線、東急世田谷線、函館市電となっています。

29

## クイズ023

山手線の電車は環状運行をしているが、路線としての山手線は環状ではない。○か×か。

さて、どっちかの〜

現在の山手線の主役はE235系。山手線には、国鉄時代から常にその時代の最新型電車が投入されてきた

## クイズ024

京浜急行電鉄には、線路のレールが3本ある区間がある。その理由は、1〜3のうちのどれ？

超難問！

1＝3本目のレールから電気を取っているため（第三軌条方式）
2＝脱線防止のため
3＝線路幅が異なる車両を輸送するため

ホームがある場所では、車両がホームに当たらないよう外側に移動させる特殊ポイントを設置

どうやら日常的に使うものではないようじゃな

いろいろな鉄道：大都市圏鉄道クイズ

## クイズ 025

東急電鉄の東横線東白楽駅〜横浜駅間が地下化され、同時に□□□高速鉄道は新路線を開業させ、東横線と相互乗り入れを開始した。□□□に入る地名は？

> 開業した路線はみなとみらい線だぞ

> クルマのドライバーや歩行者にはうれしいことじゃな

## クイズ 026

鉄道では、あってあたり前と思われている設備が東急電鉄田園都市線にはない。それは何？

## クイズ 027

相模鉄道の車体色の濃い青色はヨコハマ□□□ブルーとよばれている。□□□に入る文字は、1〜3のうちのどれ？

1＝オーシャン
2＝ネイビー
3＝ナイト

この色がいちばん最初に塗られた相模鉄道9000系

> 名前のルーツはイギリス海軍の制服の色からきているぞ

## クイズ023 答え

○

路線名上の山手線は品川駅～新宿駅～池袋駅～田端駅間の20.6kmの区間で、田端駅～東京駅間は東北本線、東京駅～品川駅間は東海道本線の一部です。山手線の電車はこれらの線区に次々と乗り入れ、運行形態としては環状運行になっているのです。

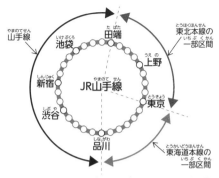

路線としての山手線は品川駅～田端駅間のみで、東海道本線や東北本線に乗り入れ、東京都心部の環状運行を実現している

---

## クイズ024 答え

3＝線路幅が異なる車両を輸送するため

京急電鉄の金沢八景駅付近には、鉄道車両メーカーの総合車両製作所があり、ここで作られた車両は京急電鉄の線路を使って出荷されます。京急電鉄の線路は標準軌（1435mm）ですが、総合車両製作所では狭軌（1067mm）のJR車両や東急電鉄の車両などが多く作られています。そのため、狭軌の車両輸送用に、金沢八景駅付近から逗子線の神武寺駅付近までが三線区間となっているのです。

---

## クイズ025 答え

横浜

横浜高速鉄道みなとみらい線は2004年に開業した路線で、運行区間は横浜駅～元町・中華街駅間の4.1kmです。短距離ながら自社の車両も48両保有し、横浜駅から東急東横線と相互乗り入れを実施しています。

乗り入れ先の東急5000系(右)をベースに、横浜高速鉄道オリジナルラッピングを施したみなとみらい線のY500系(左)

## いろいろな鉄道：大都市圏鉄道クイズ

## クイズ026 答え

### 踏切

1984年の延伸により現在の渋谷駅〜中央林間駅間になった東急電鉄田園都市線ですが、踏切がゼロになったのは1989年でした。といっても、踏切があったのは長津田駅の渋谷方の1か所のみで、初めからほぼゼロといってよい状態でした。このような踏切のない路線は昭和50年代以降に開業した鉄道に多く見られ、京王電鉄相模原線や小田急電鉄多摩線、相模鉄道いずみ野線やつくばエクスプレスなども踏切がありません。

東急田園都市線の掘割区間を行く5000系電車。このように線路を道路より下に、または線路を高架にして踏切をなくしている

## クイズ027 答え

### 2＝ネイビー

「ヨコハマネイビーブルー」は港町横浜の海と歴史を表現した色です。相模鉄道（相鉄）は2019年から都心方面への乗り入れを開始するにあたり、イメージアップのためにこの色の車両の導入を開始しました。2016年に9000系リニューアル車に塗られたのが最初で、相鉄新横浜線や相鉄・JR直通線用に新製された12000系と20000系電車は最初からこの塗色が採用されています。ちなみに「ヨコハマネイビーブルー」は「ネイビーブルー」に由来した色です。

「ネイビーブルー」という色は、英国王立海軍を指す「ロイヤルネイビー」の指揮官が着ていた軍服の色（黒に近い、暗い青色）からきている

## クイズ 028

2023年の相鉄新横浜線と東急新横浜線の開業は、JR東海に影響をおよぼした。その影響で正しいものを以下から2つ選ぼう。

東海道新幹線を運行しているJR東海にとってはうれしい影響じゃな

1＝名古屋駅からの高山本線特急「ひだ」の乗客が大きく増えた
2＝新横浜駅の東海道新幹線利用客が大きく増えた
3＝秘境ローカル線の飯田線の乗客が大きく増えた
4＝新横浜駅始発の「のぞみ」が設定された

新横浜線開業記念マークを付けた相鉄21000系

東急・相鉄新横浜線の開業を祝うJR新横浜駅の記念装飾

東京メトロ南北線の車両も、東急新横浜線を経由して新横浜駅に到達

## クイズ 029

電車が止まるのに、限られた乗客しか駅の外に出られない駅が神奈川県にある。〇か×か？

## クイズ 030

次の路線は都心部で地下鉄へ乗り入れ、乗客の乗り換えなしで直通運転している。乗り入れる地下鉄を正しくむすぼう。

- 京浜急行電鉄～［　1　］～京成電鉄～北総鉄道・千葉ニュータウン鉄道
- 横浜高速鉄道（みなとみらい線）～東急電鉄～［　2　］～西武鉄道・東武鉄道
- 小田急電鉄～［　3　］～JR常磐線

昔は2社乗り入れが多かったが、最近は3社以上の乗り入れも珍しくないぞ！

1 ● ― ● 東京地下鉄千代田線
2 ● ― ● 都営地下鉄浅草線
3 ● ― ● 東京地下鉄副都心線

## クイズ 031

阪急電鉄沿線にある有名な演劇団体は？

## クイズ 032

名古屋鉄道の名鉄名古屋駅で肉声放送を実施する設備は、その放送が早口で見事なことから「□□ブース」とよばれている。□□に入るアルファベット2文字は？

名鉄名古屋駅4番ホームにある放送室

大都市圏鉄道★クイズ

## クイズ028 答え
## 2＝新横浜駅の東海道新幹線利用客が大きく増えた
## 4＝新横浜駅始発の「のぞみ」が設定された

東急線と相鉄線の沿線から簡単に新横浜駅にアプローチできるようになったことで、東海道新幹線新横浜駅の利用客が大きく増えました。また、以前から新横浜駅6時00分始発の「ひかり」の設定がありましたが、相鉄新横浜線と東急新横浜線の開業に合わせて新横浜駅6時03分始発の臨時「のぞみ」が設定され、朝一番の近畿地方や西日本方面へのアクセスが大変便利になりました。

### 豆知識！ 相鉄新横浜線と東急新横浜線ってどんな路線？

「神奈川東部方面線」という名称で工事が進められていた横浜市内の大鉄道プロジェクトで、2023年3月18日に全面開業しました。

相模鉄道からの相鉄新横浜線と、東急電鉄からの東急新横浜線をJR新横浜駅の地下でつなげるもので、これにより、神奈川県と東京都心部・埼玉県を結ぶ総延長約250kmの新たな鉄道ネットワークが完成し、相模鉄道から東急電鉄、東武鉄道、東京地下鉄、都営地下鉄、埼玉高速鉄道へ直通電車が走るようになりました。相鉄新横浜線は、相鉄本線西谷駅から分岐して新横浜駅に至るもので、路線距離は6.3km。東急新横浜線は、東急東横線の日吉駅から分岐して新横浜駅に至るもので、路線距離は5.8kmです。またもうひとつの神奈川東部方面線として、相鉄新横浜線の羽沢横浜国大駅からJRの湘南新宿ラインへ向かう相鉄・JR直通線が2019年に開業しています。

## クイズ029 答え

JR鶴見線の海芝浦駅は東芝グループの工場と京浜運河に隣接していて、改札口が工場の入口になっています。このため、工場の関係者しか改札口を出られません。ホームから直接入れる海芝公園へ行くことはできますが、この公園は工場の敷地と京浜運河にはさまれ、公園の外には出られません。

京浜運河がホーム真下に迫る海芝浦駅

海芝浦駅ホームから直接アクセスできる公園の入口

改札口は工場入口と直結し、通れるのは関係者のみ

# いろいろな鉄道：大都市圏鉄道クイズ

## クイズ030 答え

1 — 東京地下鉄千代田線
2 — 都営地下鉄浅草線
3 — 東京地下鉄副都心線

便利になったのぉ

### 豆知識！ 乗り入れって何？

路線や会社の区間を越えて列車を直通運転することを「乗り入れ」とよんでいます。双方の車両がともに乗り入れる「相互乗り入れ」が一般的ですが、一方の車両のみが乗り入れる「片乗り入れ」もあります。

乗り入れ運転により、乗客の乗り換えのための移動や時間、乗り換える列車を待つ時間が短縮されます。また、路線や会社の違いによって分断されていた地域がむすばれ、新たな流動や交流が期待できます。近年では都心部の地下鉄や私鉄の接続路線の開業により、複数の路線が乗り入れることによりつながり、3社以上の乗り入れも珍しくなくなってきました。

## クイズ031 答え

### 宝塚歌劇団

阪急電鉄宝塚線沿線の宝塚市に拠点がある宝塚歌劇団は、阪急電鉄傘下の歌劇団です。その歴史は古く、阪急電鉄の前身の箕面有馬電気軌道時代の1913年に、同社がバックアップして宝塚唱歌隊として創設されたのが始まりでした。

宝塚歌劇団の名物、ステージにそびえ立つ大階段

## クイズ032 答え

### DJ

たった2本の線路しかない名鉄名古屋駅には、様々な方面から様々な種別、両数の電車が息をつく間もなくやってきます。そのうえダイヤ乱れなどがあると、自動案内放送システムは機能しなくなってしまいます。そこで、名鉄名古屋駅では臨機応変に対応できる駅員の肉声放送を実施。駅員はホームに設けられたガラス張りのブースに入り、ホームを監視しながら放送をおこないます。その様子が早口で見事なことから、鉄道ファンの間で放送室が「DJブース」とよばれています。

## クイズ033

京阪電鉄が日本で初めておこなった車内サービスは、1〜3のうちのどれ？

- 1＝ワゴンサービス
- 2＝カラーテレビの放映
- 3＝各シートのコンセント設置

登場当時、一般家庭の普及率が50%だったから話題になったんじゃ

## クイズ034

南海電鉄の南海本線と高野線の並行区間である難波駅〜岸里玉出駅間では「各停」と「普通」が運行されている。いったい何が違う？

ちょい難問！

- 1＝最高速度が違う
- 2＝編成の両数が違う
- 3＝両線並行区間の停車駅数が違う

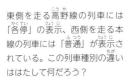

東側を走る高野線の列車には「各停」の表示、西側を走る本線の列車には「普通」が表示されている。この列車種別の違いははたして何だろう？

いろいろな鉄道：大都市圏鉄道クイズ

## クイズ035

阪神電気鉄道には会社の象徴といえるスポーツ施設が沿線にある。その施設とは？

> 高校野球の聖地といわれているぞ

## クイズ036

次の3つの私鉄を最高運転速度が高い順に並べよう。

阪急電鉄の京都線はJR東海道本線などと競合するため、電車の運転速度が高い

1＝近畿日本鉄道
2＝阪急電鉄
3＝京浜急行電鉄

## クイズ037

近畿地方を走る大手私鉄で、大阪府と和歌山県に路線網を展開している鉄道会社は？

> 海上の橋を通って、関西空港にも乗り入れているぞ

## クイズ038

九州唯一の大手私鉄で、福岡天神駅を拠点に福岡県内へ路線を展開する会社は？

## クイズ033 答え

## 2＝カラーテレビの放映

1954年登場の1800系電車に装備され、テレビカーとして一躍有名になり、このサービスは京阪電車の伝統となりました。その後、3000系には世界初の一斉自動転換クロスシートが装備されるなど、京阪電鉄は日本初の空気ばね台車やシングルアームパンタグラフの実用化、昇降する座席など、様々なことをトライすることで有名です。

京阪名物のテレビカーを全国に知らしめた3000系電車（初代）。1995年にダブルデッカー（2階建て）車両も組み込まれ、2013年の引退まで京阪電鉄の顔として活躍した

懐かしいブラウン管テレビを車端部に搭載。奥行があるので設置には苦労したらしい

## クイズ034 答え

## 3＝両線並行区間の停車駅数が違う

難波駅は南海本線と高野線の2つの路線の始発駅です。そして、両線はそれぞれ専用の複線を走り、高野線が分岐する岸里玉出駅まで並行区間になっています。つまり、一見複々線のこの区間は、路線別の複線が並んでいる状態なのです。そして、この区間は高野線のほうが駅数が多いため、南海本線の列車は各駅停車でも通過することになります。そのため、高野線の各駅停車は「確実に各駅に停車する」の意味合いの「各停」とし、南海本線の各駅停車は「普通」としているのです。

## クイズ035 答え

## 阪神甲子園球場

阪神甲子園球場の最寄駅は本線の甲子園駅で、球場まで徒歩3分。ほかに競合する鉄道はないので、球場の観客輸送は阪神電鉄の独壇場です。

今も高校野球の聖地である甲子園球場

40

いろいろな鉄道：大都市圏鉄道クイズ

 答え

## 1＝近畿日本鉄道→3＝京浜急行電鉄→2＝阪急電鉄

近畿日本鉄道は特急「ひのとり」などの最高速度が130km/h、京浜急行電鉄の快特は品川駅〜横浜駅間の最高速度が120km/h、阪急電鉄は最高速度が115km/hです。

> **豆知識！** **120km/h運転をおこなっている私鉄**
>
> 京浜急行電鉄のほかに120km/h運転をおこなっている私鉄は東武鉄道、名古屋鉄道、南海電鉄です。京成電鉄成田空港線（成田スカイアクセス線）を走るスカイライナーは最高160km/hで私鉄やJRの在来線を含めて最速、同線を走るアクセス特急も120km/h運転です。2005年に開業した第三セクター鉄道のつくばエクスプレス（首都圏新都市鉄道）は最高速度130km/hです。

130km/h運転をおこなう「ひのとり」は、近畿地方の私鉄でナンバーワンの俊足だ

 答え

### 南海電鉄

南海電鉄は大阪府と和歌山県に路線があります。大阪市内と関西空港をむすぶ特急「ラピート」や、高野山への山岳区間を走る特急「こうや」も有名です。

難波駅〜和歌山市駅・和歌山港駅間で運行される特急サザンには座席指定車両も連結される。

 答え

### 西日本鉄道

西鉄の愛称で知られている西日本鉄道は九州唯一の大手私鉄で、福岡天神駅を拠点に筑紫平野に路線が広がっています。料金不要のデラックスな特急電車のほかレストラン列車や「学問の神様」と言われる太宰府天満宮へ行く路線が有名です。

# いろいろな鉄道の「地下鉄」クイズ

## クイズ039
### 日本でいちばん最初に開通した地下鉄路線は？

他社との乗り入れをしていない東京の地下鉄だ

1934（昭和9）年、浅草駅～新橋駅間が全通し2～3両編成での運行のために製作された東京地下鉄道の1200形。黄色い車体とえんじ色の屋根という塗り分けは、現在の1000系にも受け継がれている

左／昭和初期の出札所風景。右／昭和初期の開業ながら自動改札機が導入されていた。アメリカ製のターンスタイルという装置で、入口の運賃箱に十銭白銅貨を入れ、十字形の腕木を押して入場した。回数券客や団体客の改札用には、駅員の手で動かすパッシメーターも併設されていた　　写真：地下鉄博物館（3点とも）

## クイズ040
### 日本でいちばん路線距離の長い地下鉄路線は？

ヒント！　東京の地下深くを走っているよ

## クイズ041
### 日本でいちばん路線距離の短い地下鉄路線は？

愛知県名古屋市の北区の中に起点・終点があるぞ

いろいろな鉄道：地下鉄クイズ

## クイズ 042

東京メトロ銀座線や丸の内線のように3本目のレールから電気を取り込んで走る方式は、次の1〜3のうちのどれ？

> 1＝第三レール方式　2＝中間電気方式
> 3＝第三軌条方式

小さなトンネルを走るためのパンタグラフと架線に代わる設備だぞ

屋根上のパンタグラフと架線ではなく、台車に付いた集電装置と線路脇の給電用レールから給電する方式

3本目の給電用のレール

走行用の線路とは別に、電車走行用の電力を受け取るためのレールが並行して設置されている

## クイズ 043

札幌市営地下鉄は鉄車輪ではなく、□□□で走る。□□□に入る文字は？

自動車と同じだぞ

地下鉄★クイズ

43

写真：地下鉄博物館（2点とも）

## クイズ039 答え
### 銀座線

銀座線は、現在の東京地下鉄（東京メトロ）の前身となる東京地下鉄道が1927（昭和2）年に浅草駅〜上野駅間で先行開業し、「東洋唯一の地下鐵道」と言われました。その後、新橋駅まで段階的に延長し、1939年に東京高速鉄道により開通した新橋駅〜渋谷駅間と相互乗り入れにより浅草駅〜渋谷駅間の直通運転となりました。

上野駅の開業時の駅名看板は「うへの」だった

昭和初期の浅草駅の出入口

## クイズ040 答え
### 都営地下鉄大江戸線

珍しい6の字形の形状を持ち、その路線距離は40.7kmにもなります。1991年から段階的に路線を伸ばし、2000年12月に環状部分が完成して、都庁前駅〜光が丘駅の全線開業となりました。小型車体のリニアモーター駆動方式の車両を導入しており、地下鉄でいちばん深いところ（地下42.3m）を走るのも特徴です。

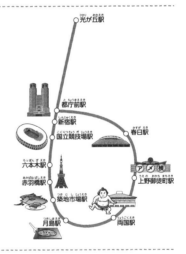

## クイズ041 答え
### 名古屋市営地下鉄上飯田線

名古屋市営地下鉄上飯田線の路線距離はわずか0.8kmです。起点は名古屋市営地下鉄名城線の平安通駅、終点は名古屋鉄道小牧線の上飯田駅で、途中に駅はありません。開業は2003年で、名鉄小牧線と相互乗り入れを実施しています。

名古屋鉄道小牧線用の300系が乗り入れ、自社車両は7000形が運用されている

いろいろな鉄道：地下鉄クイズ

## 3＝第三軌条方式

パンタグラフを用いて架線から集電する方式よりも車両の屋根上の空間を狭められ、トンネルの断面を小さくできます。

■第三軌条方式の地下鉄

| 札幌市営地下鉄 | 南北線 |
| --- | --- |
| 東京メトロ | 銀座線、丸ノ内線 |
| 横浜市営地下鉄ブルーライン | 1号線、3号線 |
| 名古屋市営地下鉄 | 東山線、名城線、名港線 |
| 大阪メトロ | 御堂筋線、谷町線、四つ橋線、中央線、千日前線 |

※大阪メトロと乗り入れをする北大阪急行南北線、近畿日本鉄道けいはんな線も第三軌条方式です。
（P24のけいはんな線の写真も参考に！）

## ゴムタイヤ

札幌市営地下鉄には南北線、東西線、東豊線の3路線があり、いずれも案内軌条式の鉄道で、ゴムタイヤで走行するのが特徴です。南北線は1972年の札幌オリンピックに向けて建設され、1971年に開業しました。

雪から守るために設置されたシェルターの中を走る南北線の地上高架区間。自衛隊前駅は車両基地へのポイントがあり、ゴムタイヤ方式の地下鉄を観察しやすい。珍しいゴムタイヤで走る案内軌条や第三軌条方式の集電機構が見られる

## クイズ044

リニア中央新幹線が話題になっているが、1990年からリニア方式の地下鉄が運行している。○か×か？

そんなに前からあったかの〜？

大阪メトロ長堀鶴見緑地線

## クイズ045

京都市営地下鉄の特徴として正しいものは、次の1〜3のうちのどれ？

かなり迫力の光景だぞ

1＝南北線と東西線の2路線がある
2＝観光客専用の車両がある
3＝東西線から他線へ乗り入れる電車は路面区間も走る

## クイズ046

神奈川県最大の都市を走る地下鉄で、ブルーライン、グリーンラインの2系統がある地下鉄は？

神奈川県の地下鉄ってあそこしか走ってないのでは!?

いろいろな鉄道：地下鉄クイズ

## クイズ047

北海道の札幌市営地下鉄、宮城県の仙台市地下鉄、東京都の東京地下鉄（東京メトロ）、京都府の京都市営地下鉄には、まったく同じ名称の路線がある。その路線名は？

方角を表わす名前じゃな

仙台市地下鉄2000系

東京地下鉄（東京メトロ）05系

札幌市営地下鉄8000形

京都市営地下鉄50系

## クイズ048

福岡市地下鉄の説明として間違っているのは、次の1〜4のうちのどれ？

福岡市地下鉄七隈線も鉄輪式リニアモーター方式の地下鉄

P22の地図を見てみよう

1＝3つの路線がある
2＝日本の地下鉄初のワンマン運転を開始
3＝大阪府より西を走る唯一の地下鉄路線
4＝鉄輪式リニアモーターカーを運行している

47

## クイズ044 答え

○

鉄輪式のリニアモーターカーのことで、日本では1990年に大阪市交通局（現・大阪メトロ）長堀鶴見緑地線で公共交通機関として初めて実用化されました。

■鉄輪式リニアモーターカーを採用している地下鉄（ミニ地下鉄）

2本のレール間に見える板は磁界を発生させるリアクションプレート

リニアモーターを採用していることをアピールする「LIM」のロゴマーク

| 運行事業者 | 路線 | 開業年月 |
|---|---|---|
| 大阪市営地下鉄 | 長堀鶴見緑地線 | 1990年3月一部開業、1997年8月全線開業 ※現・大阪メトロ |
| 都営地下鉄 | 大江戸線 | 1991年12月一部開業、2000年12月全線開業 |
| 神戸市営地下鉄 | 海岸線 | 2001年7月開業 |
| 福岡市地下鉄 | 七隈線 | 2005年2月開業、2023年3月全線開業 |
| 大阪市営地下鉄 | 今里筋線 | 2006年12月開業 ※現・大阪メトロ |
| 横浜市営地下鉄 | グリーンライン | 2008年3月開業 |
| 仙台市地下鉄 | 東西線 | 2015年12月開業 |

### 豆知識！ 鉄輪式リニアモーターカーとは？

リニアモーターカーは「リニアモーター」により動く乗りもののことを言います。リニア中央新幹線のように車体を軌道から浮かせて進む方式を「磁気浮上式」、車体を浮上させずに車輪とレールで車体を支え、リニアモーターの力で走行しブレーキをかける方式を「鉄輪式」と言います。

鉄輪式ではリニアモーターの採用により車輪が小型化され、地下鉄のトンネル断面を小さくできるため建設費が抑えられます。小型の車輪は急勾配や急カーブにも有利で、最近では新規開業する地下鉄路線で鉄輪式が取り入れられています。これらの路線には通常よりも一回り小さい車両が走っているのが特徴で、ミニ地下鉄ともよばれています。

## クイズ047 答え

### 東西線

全国に4つある地下鉄東西線のなかで一番古いのは東京メトロ東西線で、第1回東京オリンピック開催年の1964年に高田馬場駅～九段下駅間で開業しました。一番新しいのは仙台市地下鉄東西線で、2015年の開業です。

いろいろな鉄道：地下鉄クイズ

## クイズ045 答え
### 3＝東西線から他線へ乗り入れる電車は路面区間も走る

東西線の御陵駅〜太秦天神川駅間に乗り入れる京阪電鉄の電車は京津線上栄町駅〜びわ湖浜大津駅間で路面区間を走ります。もう一路線は京都市街地を南北に縦断する烏丸通の地下を走る烏丸線です。

道路上を4両編成の地下鉄直通電車が走る大津市内の京津線

## クイズ046 答え
### 横浜市営地下鉄（横浜市交通局）

路線名ブルーラインは1号線（湘南台駅〜関内駅間）と3号線（関内駅〜あざみ野駅間）を直通運転、路線名グリーンラインは4号線（日吉駅〜中山駅間）を運行しています。

上／ブルーラインは1972年に開業し、現在は40.4kmの長大路線に。下／グリーンラインは2008年に開業した鉄輪式リニアモーターのミニ地下鉄

## クイズ048 答え
### 3＝大阪府より西を走る唯一の地下鉄路線

大阪市と福岡市の間に位置する地下鉄路線として兵庫県の神戸市営地下鉄（西神・山手線、北神線、海岸線）があります。福岡市地下鉄には空港線、箱崎線のほか、鉄輪式リニア方式の七隈線の3路線があります。国内の地下鉄で初めてのワンマン運転は1984年1月に福岡市地下鉄で始まりました。

1981年に空港線の一部が開業し、現在はJR九州筑肥線と相互乗り入れを実施している

リニアモーターの採用により、通常よりも台車、車体、トンネルを小型にできるメリットがある

車両前面に表示されている「ワンマン 地下鉄車両」のステッカー

地下鉄★答え

# いろいろな鉄道の「路面電車」クイズ

**クイズ049**

ゴムタイヤ式の地下鉄が走る北海道の札幌市ですが、実は市電も走っている。次の1～4のうち、1つが特徴として間違っている。それはどれ？

「藻岩山ロープウェイまで行けるなら乗りたいが……」

2015年の路線改良により、札幌市の名所「すすきの交差点」で路面電車を見ることができるようになった

1＝「ポラリス」という愛称の低床電車が走っている
2＝線路を延長することになり、環状運転になった
3＝沿線の夜景スポット「藻岩山ロープウェイ」へ直通運転している
4＝線路に積もった雪を除去するための列車が走る

**クイズ050**

北海道の南部に位置し、路面電車が走る観光都市は、1～3のうちのどれ？

1＝室蘭市
2＝登別市
3＝函館市

「戊辰戦争最後の戦いである箱館戦争の舞台となった五稜郭跡があるぞ」

いろいろな鉄道：路面電車クイズ

## クイズ 051

2023年8月に、日本国内では75年ぶりに路面電車が開業した市はどこ？

餃子の街として有名な栃木県の都市じゃな

3両連接車体のLRT車両が導入されている。大手自動車メーカーの工場が終点にあり、従業員の通勤輸送にも大活躍している

## クイズ 052

JR線からLRTに変身した路線が富山県にある。〇か×か？

## クイズ 053

大阪を代表する神社、住吉大社に行くのに最も便利で、国内最古の路面電車が活躍する会社は？

住吉大社の目の前を走る路面電車。車両はLRTタイプから単車、そして最古車両までバラエティ豊か

路面電車★クイズ

---

**豆知識！　路面電車とLRTはどこが違うの？**

路面電車とLRTは基本的には同じ軌道線に分類されます。LRTはLight Rail Transitの略で、専用軌道や低床車両を用いて定時性を確保する次世代型の路面電車と言われています。安全なホームや低床車両を導入することでバリアフリー化だけでなく、乗降の容易性、快適性の面でも優れています。

## クイズ049 答え

### 3＝沿線の夜景スポット「藻岩山ロープウェイ」へ直通運転している

北海道の札幌市電は、札幌市交通局が設備・車両を保有し、札幌市交通事業振興公社が運行を担当しています。路線は、2015年12月に西4丁目停留場～すすきの停留場間450mが延伸され、全長8.9kmの環状運転（ループ化）が実現しました。「ポラリス」は2台車3連接車体の低床電車で、3編成が在籍し、2025年1月にはA1210形「ポラリスⅡ」がデビューしました。

札幌市電の超低床電車A1200形「ポラリス」は3連接車体。2024年10月現在、3編成が活躍中

札幌市電の「ササラ電車」は除雪のためのラッセル車。ササラという竹製のブラシを前面下部に付けて軌道敷上の雪を遠くへ飛ばす

## クイズ050 答え

### 3＝函館市

函館市内を函館市電（函館市企業局交通部）が走っています。軌間は馬車軌道をルーツとする1372mmで、4路線2系統、総延長は10.9kmです。札幌市電同様、冬には除雪車「ササラ電車」が走ります。

函館市電の超低床電車9600形には「らっくる号」の愛称が付いている

函館市電の路面電車は港町風情が色濃い港湾エリアと繁華街、住宅をむすぶ系統が運行されている

いろいろな鉄道：路面電車クイズ

## 宇都宮市

新規に開業した路面電車はライトラインで、正式な路線名は宇都宮芳賀ライトレール線です。かつて全国に数多くあった路面電車は、モータリゼーションの影響で自動車の交通量が急増し、次々と廃止されました。しかし、時代が巡り、交通渋滞が激しい地方都市部では定時性（運行時間が正確なこと）が高く、環境にも良い路面電車が見直されるようになりました。こうして市民の後押しの声もあり、日本国内では75年ぶりになる路面電車の新路線が宇都宮市と隣接する芳賀町に開業しました。

## クイズ052 答え

JR富山港線の利便性向上のため、路線をLRT車両用に改良して、2006年に富山ライトレールが開業しました。その後、JR・あいの風とやま鉄道の富山駅の改良で富山地方鉄道の軌道線と接続することになり、接続後の2020年から富山地方鉄道が運営するようになりました。

終点の岩瀬浜駅をはじめ、駅ホームは電停タイプにリニューアル。また、富山港線に乗り入れる車両はLRTタイプの低床車両に限定されている

## 阪堺電気軌道（阪堺電車）

阪堺電気軌道は地元で阪堺電車とよばれて親しまれています。大阪の下町エリアを走り、「すみよっさん」と、こちらも親しみを込めてよばれている住吉大社の目の前を通ります。また、1928（昭和3）年製の現役最古の路面電車、モ161形が走ることでも有名です。現在は、阪堺線と上町線の2路線があります。

2025年には現役稼働年数97年になるモ161形

路面電車★答え

## クイズ054

6路線8系統の路線網を持ち、新旧様々な車両が活躍する路面電車王国とよばれる鉄道会社は？

山陽地方の会社だぞ

## クイズ055

高知県を走る「とさでん交通」の路面電車の特徴として間違っているのは、1～3のうちのどれ？

ヒント！
P20-21の地図を見てみよう

1＝高知市内のみを走っている
2＝海外の3か国からやって来た車両も在籍する
3＝路線同士が直角に交差する交差点がある

## クイズ056

路面電車「坊っちゃん列車」が走る夏目漱石の小説の舞台になった都市は？

地元の名産ミカン色の路面電車が走る街だぞ！

道後温泉駅を発車する「坊ちゃん列車」。市内路面区間を機関車けん引の客車列車が走る珍しい風景が見られる

いろいろな鉄道：路面電車クイズ

## クイズ 057

日本の路面電車初の冷房車やVVVFインバータ制御車など、先進的なサービスや技術導入を続けてきた九州の交通局は？

加藤清正公の城下町を走っているぞ

九洲随一の城下町を走る路面電車。地震で大きく損傷したお城も修復が進んだ

## クイズ 058

長崎市には日本一運賃が□□と言われている路面電車が走っている。□□に入る文字は？

長崎電気軌道の路面電車の標準カラーは車体上部がクリーム色、下部が緑色

高いのか安いのかどっちかの〜

## クイズ 059

路面電車が走る日本最南端の市は？

**ヒント！** 九州のいちばん南にある県で運行しているよ

国内最南端を走る路面電車。芝生が敷かれた軌道敷が見られる区間も

路面電車★クイズ

## 広島電鉄

地元で「ひろでん」とよばれて親しまれている広島電鉄は、6路線の軌道線（合計19.0km）と、1路線の鉄道線（16.1km）を運行しています。その規模と輸送客数は路面電車で日本一です。また、保有している車種も豊富で、被爆電車や路線廃止された事業者から転入してきた単車のほか、連接車、5車体連接の超低床車など、様々な車両が市内を走り回ります。

右の車両は150形を改造して創業時の100形を再現した大正形電車、中央は元大阪市電の900形、左は自社発注の省エネ車800形

厳島神社のある宮島へ向かう宮島線は、法律上は鉄道線扱いになる路線だ

## 1＝高知市内のみを走っている

とさでん交通4路線の合計は25.3kmに及び、軌道線では日本一の営業距離です。高知市内のほか、両隣の南国市と吾川郡いの町への路線が延びています。4路線が「はりまや橋」停留所を起終点とし、この交差点で線路が十字にクロスしています。また、オスロ市電（ノルウェイ）、グラーツ市電（オーストリア）、リスボン市電（ポルトガル）の3か国から移籍した車両も在籍しています。

「アンパンマン」原作者やなせたかし氏の出身地にちなみ、アンパンマン列車も走るとさでん交通

高知市の中心市街地の東側、国分川にかかる葛島橋を渡る後免線高知市内方面へ向かう電車

いろいろな鉄道：路面電車クイズ

 答え

## 松山市

愛媛県の県庁所在地である松山市です。夏目漱石の小説『坊っちゃん』に描かれた伊予鉄道の軽便鉄道時代の列車にちなみ、2001年から坊っちゃん列車の復元運行を開始し、伊予鉄道の松山市内線（路面電車）を走っています。

伊予鉄道松山市内線の電車は順次、愛媛県の名産品をイメージしたみかん色一色に変更されている

---

 答え

## 熊本市交通局（熊本市電） ※2025年4月以降は上下分離の運営に転換

熊本市電は、1978年に路面電車初の冷房車導入、1982年に路面電車初のVVVFインバータ制御装置の導入など、大都市部の路面電車に先駆けてサービスアップや車両の性能アップを実施してきました。そして、熊本市内の交通渋滞解消を目指して、2031年度に路線の延伸も実施する予定です。また、2025年4月より、熊本市と熊本市公共交通公社による上下分離方式の運営体制になります。

---

 答え

## 安い | 鹿児島市

長崎市を走る長崎電気軌道の路面電車はどこまで乗っても1回140円（子ども半額）で、これは日本一安い路面電車と言えます。1984年から2009年までの約25年間は1回100円でした。長崎市街地は港町で山が多い地形のため、電車の利用客が多く、車両に広告を掲出した電車も多く見られます。この広告収入こそが安い電車運賃を維持できる秘訣と言われています。

鹿児島市電（鹿児島市交通局）は日本最南端の路面電車で、4路線2系統が運行されています。軌道敷が緑化（芝生化）されました。

この車両は東京都と神奈川県を走る京浜急行電鉄の広告電車で、なんと赤と白の京急カラーになっている

路面電車 ★ 答え

57

# いろいろな鉄道の「モノレール」クイズ

**クイズ060** 首都圏の湾岸エリアにある人気テーマパークが運行しているぞ

日本のモノレールは、千葉都市モノレール、東京モノレール、□□□リゾートライン、多摩都市モノレール、湘南モノレール、大阪モノレール、北九州モノレール、沖縄都市モノレールの8か所がある。3番目の□□□に入るアメリカ人の名前は？

**クイズ061** 現在、運行しているモノレール線でいちばん古いモノレールは？

都心から東京の空の玄関口へ運行しているぞ

**クイズ062** 千葉都市モノレールは懸垂式で世界最長の路線長を誇る。その路線距離は何km？

東京23区を囲む距離の約1/10らしいが、ヒントにはなっていないかな

1 ＝ 8.9km
2 ＝ 15.2km
3 ＝ 23.2km

いろいろな鉄道：モノレールクイズ

## クイズ063 まるでジェットコースターのような迫力満点の走行が楽しめると話題のモノレールは？

ヒント！　神奈川県で運行している懸垂式モノレールだよ

湘南の丘陵地帯に路線が敷かれ、山が迫ってきてトンネルに突入するなど、アトラクションのような走りを楽しめる

### 豆知識！　日本では跨座式と懸垂式、2方式のモノレールがある

日本のモノレールには跨座式と懸垂式の2つの方式の路線が存在します。跨座式は軌道桁にまたがって走行する方式で、東京モノレール、ディズニーリゾートライン、多摩都市モノレール、大阪モノレール、北九州モノレール、沖縄都市モノレールに採用されています。懸垂式は、メタル製の軌道桁にぶら下がって走行するもので、千葉都市モノレールと湘南モノレールで採用されています。

跨座式

日本で最も普及しているのが跨座式モノレール。軌道がコンクリートで簡単な構造のため建築費を安く抑えられる。また、用地も少なくて済む

懸垂式

駆動装置が上空の軌道内にあるので騒音が小さいことが特徴。また、雨や雪の影響も少なく、跨座式より急カーブの軌道を作ることが可能である

## クイズ060 答え

### ディズニー

ディズニーリゾートラインはディズニーランドのアトラクションのひとつと思われがちですが、日本の鉄道法に基づく公共交通の鉄道です。路線は全長5.0kmの環状路線で、駅数は4駅。すべての駅はディズニーリゾートの各施設の外側にあるので、休園日も運行されています。

東京ディズニーリゾートの外周を環状運行するディズニーリゾートラインのモノレール車両

## クイズ062 答え

### 2＝15.2km

千葉都市モノレール（千葉モノレール）は千葉みなと駅～県庁前駅間の1号線（3.2km）と、千葉駅～千城台駅間の2号線（12.0km）の2路線があり、両線を合わせた15.2kmが懸垂式モノレール世界最長としてギネスブックに登録されています。

軌道は市内の道路上に作られている。車両の編成は2両編成だ

## クイズ063 答え

### 湘南モノレール

湘南モノレールは大船駅～湘南江ノ島駅間6.6kmをむすぶ懸垂式のモノレール路線です。懸垂式で比較的スピードが速く、建物の近くやトンネルを走行する迫力から、まるでジェットコースターのようだと外国人観光客にも人気となっています。

### いろいろな鉄道：モノレールクイズ

クイズ 061 答え

# 東京モノレール

正式名称は東京モノレール羽田空港線で、1964年9月に浜松町駅～羽田駅間に開業しました。東海道新幹線と同様に、第1回東京オリンピックに合わせて開業した路線で、工事着工から開業まで1年4か月の突貫工事でした。

日本の跨座式モノレールの元祖で、現在も都心と羽田空港をむすぶ速くて便利で快適な交通機関となっている

**豆知識！** 実は東京モノレールより先に運行開始したモノレールがある……………上野動物園モノレール

2019年に運行を休止し、2023年に正式廃止になった上野動物園モノレール。園内のアトラクションとよく勘違いされたこのモノレールこそ、日本で最初に営業運行を開始したモノレールなのだ。営業事業者は東京都交通局で、開業は東京モノレールより7年も早い1957年。上野懸垂線という正式名称のとおり懸垂式のモノレールで、西園駅と東園駅のわずか332.42mを90秒ほどでむすんでいた。

車体の下にも楽しい動物のイラストが描かれているだけでなく、矢印と文字で行き先を表示している

モノレール★答え

61

いろいろな鉄道：モノレールクイズ

### クイズ064

多摩都市モノレールの沿線には、1 記念公園と多摩 2 公園という東京で人気の大規模公園が2つある。 1 と 2 に入る文字は？

> 平成の前の元号と、コアラが人気の公園この2つがキーワード

沿線のもうひとつの名所が高幡不動尊金剛寺で、五重塔をモノレールの車窓から眺められる

### クイズ065

日本一の路線距離を誇るモノレール路線は？

> 近畿地方の事業者だぞ

> 九州で運行しているぞ

### クイズ066

まるで駅ビルに突き刺さるように軌道が作られているモノレールは？

小倉駅はJR鹿児島本線と日豊本線の分岐駅で、1998年のモノレール延伸で誕生した風景だ

62

# いろいろな鉄道の「新交通システム」クイズ

**クイズ067**

日本で最初に新交通システムを採用して開業したポートアイランド線の愛称は□□□ライナー。□□□に入る港を意味するカタカナ3文字は？

兵庫県神戸市の繁華街・三宮と海上都市・ポートアイランド間で運行しているぞ

コンクリート製の路盤をゴムタイヤの鉄道車両が走るのは、札幌市営地下鉄に次ぐ国内2例目のものだった

写真：神戸新交通

**クイズ068**
東北・上越新幹線の建設と同時進行で作られた埼玉県の新交通システムは、1～3のうちのどれ？

さいたま市の鉄道博物館へ行くのに便利な乗りものじゃな

1＝ミュージアムライナー
2＝ニューライナー
3＝ニューシャトル

**クイズ069**

東京都内の「ゆりかもめ」は、花のゆりと鳥のかもめの造語である。○か×か？

いろいろな鉄道：モノレールクイズ

## 1＝昭和、2＝動物

昭和記念公園は季節の花々が咲き、夏には大規模花火大会も開催される人気の公園で、モノレールの立川北駅からアクセスできます。多摩動物公園はコアラやライオンバス（ライオンを間近に見られる）が人気の動物園。多摩都市モノレールの駅も動物公園の目の前にあります。

## 大阪モノレール

大阪モノレールは大阪モノレール線（本線）と国際文化公園都市モノレール線（彩都線）の2路線を運行し、総延長は28.0kmあり、かつては世界最長の路線距離を誇りました。駅コンコースにある誰でも利用できる「モノレール文庫」は名物になっています。

一時期はモノレール最長の路線距離でギネス世界記録も取得したことがある大阪モノレール

モノレール駅の広いコンコースの一部を利用したモノレール文庫は大阪モノレールの名物

写真：大阪モノレール（2点とも）

## 北九州モノレール

北九州モノレールの正式名称は北九州高速鉄道小倉線で、小倉駅〜企救丘駅間8.8kmの路線です。名物は、2本の跨座式軌道が小倉駅の駅ビルに突き刺さるように入っていく光景。じつは1998年以前の北九州モノレールの終点は、現在の小倉駅のひとつ手前の平和通駅でした。しかし、1998年に小倉駅の再開発で駅ビルが新築されるのに合わせて延伸し、駅ビルの中にホームが作られました。

いろいろな鉄道：新交通システムクイズ

 **クイズ067 答え**

## ポート

神戸新交通のポートアイランド線は1981年に開業した日本初の新交通システムで、ポートライナーの愛称でよばれています。小型車体＋ゴムタイヤ＋自動運転という運行システムを確立した、記念すべき路線でもあります。

**クイズ068 答え**

## 3＝ニューシャトル

比較的住宅が密集していた大宮駅北部エリアで東北・上越新幹線を建設するにあたり、地域が分断されることに対する補償の一環でニューシャトルは作られました。交通空白地帯でもあったこのエリアにできた新交通システムは、沿線住民に歓迎されました。軌道や駅は新幹線の高架橋と一体で作られたので、建設コストも抑えられています。

1983年の開業時車両のイメージを残した1050系は、現在は予備車扱いだ

2015年登場の最新型2020系が、新幹線高架橋併設区間を走る

 **クイズ069 答え**

## ×

ゆりかもめ（東京臨海新交通臨海線）は鳥のカモメの種類で東京都の都鳥です。新橋駅〜豊洲駅間14.7kmの路線で、首都高速道、一般道と共用するレインボーブリッジを通る芝浦ふ頭駅〜お台場海浜公園駅間はループ線になっています。ループ線は通常、山岳地帯にあり、都市部にあるのは珍しいですが、高低差から生じる急勾配を緩和するという役割は同じなのです。

JR山手線の新橋駅と東京湾の埋め立て地の台場、有明、豊洲地区をむすぶ「ゆりかもめ」の車両

## クイズ 070

千葉県の新交通システムのユーカリが丘線は、現代の車両には必ずある設備がない。それは次の1～3のうちのどれ？

1＝消火器　2＝冷房設備　3＝つり革

京成本線ユーカリが丘駅と沿線住宅街を3両編成の車両でむすぶユーカリが丘線

夏場には車内に冷たい紙おしぼりやうちわが置かれているぞ

## クイズ 071

石川県の県庁所在地と同じ地名だぞ

□□シーサイドライン線は、京浜急行電鉄の□□八景駅から出発して、八景島シーパラダイスへ行くのに便利な路線である。□□に入る共通の地名は？

## クイズ 072

名前がリニアモーターカーぽいな～

愛知県名古屋市のリニモは、リニアモーターカーである。○か×か？

いろいろな鉄道：新交通システムクイズ

## クイズ073

超難問！

愛知県の新交通システム「ゆとりーとライン」には、ユニークな車両が活躍している。その車両は、1〜3のうちのどれ？

1＝鉄道車両を短くした改造車
2＝タクシー　3＝路線バスの改造車

## クイズ074

広島新交通1号線のアストラムライン「県庁前駅」、広島電鉄の路面電車「原爆ドーム前駅」から徒歩圏内のサッカースタジアムは優勝経験もあるJ1チームの本拠地である。そのチーム名は？

左／1994年8月、広島高速交通が運行開始したアストラムライン。6000系は開業時から運行している車両で、クロムイエローとグレーを使用したモダンなデザイン。右／2020年3月に登場した7000系。6000系からの置き換えが進み、現在の主力車両になっている

写真：広島高速交通（2点とも）

## クイズ070 答え

## 2＝冷房設備

ユーカリが丘線は、山万という不動産会社が運営しています。車両に冷房設備がないのは、開業当時（1982年）は今ほど暑くなく、乗車時間も片道10分以下だったからです。後年冷房装置の搭載が検討されましたが、車体の構造上難しいということで見送られました。そのため、夏場には車内に冷たい紙おしぼりやうちわが置かれています。

## クイズ071 答え

## 金沢

金沢シーサイドライン線は京浜急行電鉄本線の金沢八景駅と、JR根岸線の新杉田駅をむすぶ全長10.8kmの新交通システムです。新興住宅地の住民や工業団地への通勤客の利用を狙った路線ですが、路線名のとおり海沿いを走るので景色が良いのが特徴です。海のテーマパークの八景島シーパラダイスへ向かう観光客にも多く利用されています。

1989年に開業した路線で、現在は二代目の2000形により運行されている

## クイズ072 答え

## ○

リニモの走行システムは、日本航空が開発した磁気浮上式鉄道のHSSTとよばれるものです。車両に車輪はなく、停車中でも浮上しており、ほとんど騒音のない快適な乗り心地が特徴です。リニモの正式名称は愛知高速交通東部丘陵線で、2005年の愛・地球博の開催に合わせて開業しました。

2本のレールの表面には、車体側のリニアモーターコイルと反応するアルミニウム製のリアクションプレートが敷かれている

いろいろな鉄道：新交通システムクイズ

## 3 = 路線バスの改造車

ゆとりーとラインは大曽根駅～小幡緑地駅間6.5kmの高架専用軌道を、路線バスを特殊改造したガイドウェイバス車両が走ります。小幡緑地駅付近にモードインターチェンジがあり、ここで、レールに沿って走行するために必要な案内装置を外に出し、高架専用軌道に入ります。一般道では、案内装置を車体の下に格納し、通常の路線バスとして走行します。

高架専用軌道を走行中のゆとりーとライン

写真：名古屋ガイドウェイバス（2点とも）

高架専用軌道では、車両の前輪と連動する案内装置がレールの内側をトレースして走行するので運転士はハンドル操作をしない

## サンフレッチェ広島

広島サッカースタジアムの正式名称は「エディオンピースウイング広島」。サンフレッチェ広島のホームスタジアムは、かつてアストラムライン終点の広域公園前駅近くにありましたが、2023年に現在の広島市中心部に移転しました。

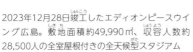

2023年12月28日竣工したエディオンピースウイング広島。敷地面積約49,990㎡、収容人数約28,500人の全室屋根付きの全天候型スタジアム

写真：サンフレッチェ広島（2点とも）

# いろいろな鉄道の「ケーブルカー」クイズ

**クイズ075**
ケーブルカーは山を登るための乗りものだが、青森県の□□□記念館には地下にもぐるためのケーブルカーがある。□□□に入る海底の施設名は何？

全長53.85kmの日本一長いトンネルの名前だぞ

当時世界一の海底トンネル建設のために作られたケーブルカーで、愛称は「もぐら」

**クイズ076**
ケーブルカーで最も勾配の急な路線は次のうちのどこ？

1＝大山ケーブルカー
2＝高尾山ケーブルカー
3＝御岳山ケーブルカー

山頂駅付近にある最急勾配608‰（約31度）を表示する勾配標

首都圏に近い路線で紅葉の名所でもあるので、この車両はもみじカラーになっている

首都圏近郊にあるぞ

いろいろな鉄道：ケーブルカークイズ

## クイズ077

「たかし君は夏休みに箱根へ家族旅行に行きました。新宿駅から小田急ロマンスカーに乗り、箱根湯本駅で箱根登山線の登山電車に乗り換えて強羅駅へ。そこから☐☐☐に乗りついで、ロープウェイの出発する早雲山駅へ着きました」。☐☐☐に入る乗りものは、1〜3のうちのどれ？

箱根ロープウェイの湖尻駅からは芦ノ湖の遊覧船にも乗れるぞ！

1＝箱根芦ノ湖遊覧船
2＝伊豆箱根鉄道大雄山線
3＝箱根登山ケーブルカー

## クイズ078

立山黒部アルペンルートの途中にある黒部ケーブルカーには、日本一の項目が2つもある。当てはまるものに○をしよう。

超難問！

| いちばん高い地点で運行 | |
| --- | --- |
| いちばん運行本数が多い | |
| いちばんトンネル区間が長い | |
| いちばん路線距離が短い | |

## クイズ079

日本最長の路線距離を誇るケーブルカーは？

比叡山に登る2本のケーブルカーのうちの東側の路線だぞ

ケーブルカー★クイズ

## クイズ075 答え
### 青函トンネル

体験坑道ツアーでは、トンネル工事の物資や作業員を運んだ坑道を実際に歩ける

写真：Ippukucho

青森県津軽半島の竜飛岬にある青函トンネル記念館は、青函トンネル工事の歴史や技術を知ることができる施設です。ここから地下坑道を巡る体験ツアーが開催されており、ケーブルカーの竜飛斜坑線で地下坑道に向かいます。路線長は778mで、終点の体験坑道駅は海面下140mにあります。※同館は11月上旬から4月中旬まで休館

## クイズ076 答え
### 高尾山ケーブルカー

高尾山ケーブルカーの正式名称は高尾登山電鉄高尾鋼索線。最大勾配は608‰（1000m進むと608m登る）で、角度で表わすと約31度にもなります。この日本一の勾配は終点の高尾山駅付近にあり、線路際には勾配標も立っています。

## クイズ077 答え
### 3＝箱根登山ケーブルカー

小田急箱根鋼索線の通称は箱根登山ケーブルカーです。強羅駅～早雲山駅間1.2kmの路線で、途中4か所の駅があります。現在は五代目の車両で、スイス製の2両編成の列車が観光客を輸送しています。

わずか1.2kmの路線だが、最新車両は2両編成となり、輸送力が向上した

いろいろな鉄道：ケーブルカークイズ

## クイズ078 答え

| | |
|---|---|
| いちばん高い地点で運行 | ○ |
| いちばん運行本数が多い | |
| いちばんトンネル区間が長い | ○ |
| いちばん路線距離が短い | |

立山黒部アルペンルートには、黒部ケーブルカーと立山ケーブルカーの2つのケーブルカー路線があります。このうち黒部ケーブルカーには、ケーブルカーで日本一の高所となる黒部平駅があり、その標高は1826mにもなります。また、黒部ケーブルカーは828mの全線がトンネル内を走る路線で、日本一長いトンネル区間を走るケーブルカーでもあります。

日本のケーブルカーの最高地点である黒部ケーブルカーの黒部平駅

アルペンルートの富山県側からの最初の乗りものである立山ケーブルカー

## クイズ079 答え

**比叡山坂本ケーブル**

正式名称は比叡山鉄道比叡山鉄道線。比叡山の滋賀県側にあるケーブル坂本駅から山頂の延暦寺駅まで運行しているケーブルカーで、2025mの路線距離は日本最長です。途中に駅が2つあるのも特徴で、片道11分かけて登り降りします。もうひとつの路線は叡山ケーブル（京福電気鉄道鋼索線）です。

立山ケーブルカーの平均斜度は24度で迫力満点だ

ケーブルカーは登り降り共有の単線で、中間地点ですれ違うことを「ターンアウト」とよぶ

写真：比叡山鉄道

# いろいろな鉄道の「観光列車」クイズ

## クイズ 080

ちょい難問！

ラベンダー咲き誇る丘や大雪山を眺めながら走る「富良野美瑛◯◯◯◯号」。◯◯◯◯に入るカタカナ4文字はなに？

窓のない車両でのんびり走るトロッコだぞ

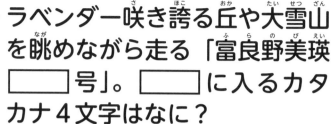

窓ガラスがないため、吹き込む風が心地良い客車の車内

## クイズ 081

ちょい難問！

青森県の津軽鉄道では冬に名物列車が走る。その列車名は1〜3のうちのどれ？

1＝おでん列車
2＝ストーブ列車
3＝コタツ列車

おっ、3択とも暖まるではないか!!

## クイズ 082

美しい海岸線や世界自然遺産の白神山地を眺められる観光列車「リゾートしらかみ」が走るJR線は、次の1〜3のうちのどれ？

1＝山陰本線
2＝五能線
3＝羽越本線

秋田県の日本海沿いから内陸の山地に入っていくぞ

74

いろいろな鉄道：観光列車クイズ

## クイズ 083

2種類の観光トロッコ列車を走らせている群馬県・栃木県の第三セクター鉄道は、1～3のうちのどれ？

1＝真岡鐵道
2＝上信電鉄
3＝わたらせ渓谷鐵道

美しい渓谷に沿って走るぞ

国鉄DE10形ディーゼル機関車が客車4両をけん引する本格的なトロッコ列車

「トロッコわっしー号」は窓のないトロッコ気動車と通常気動車の2両編成で運行

## クイズ 084

伊豆方面へ向かう「サフィール踊り子」号には、麺料理を中心に様々なメニューがそろうカフェテリアがある。○か×か？

ちょい難問！

全車グリーン車で、個室やプレミアム席もあるE261系の8両編成で運行

観光列車★クイズ

## クイズ080 答え

### ノロッコ

沿線にラベンダーが咲く初夏に走る富良野・美瑛ノロッコ号は茶色い客車3両と機関車の編成

トロッコ号ではなくノロッコ号です。「ノロッコ」は「ノロノロ（ノロい）」と「トロッコ」を掛け合わせた造語と言われています。富良野美瑛ノロッコ号は夏のラベンダーの花が咲く夏を中心に富良野線の旭川駅・美瑛駅〜富良野駅間を走ります。このほか、釧網本線の大自然の中を走る「くしろ湿原ノロッコ号」もあります。

---

## クイズ081 答え

### 2＝ストーブ列車

津軽鉄道のストーブ列車には、昔懐かしい旧型客車が使用されています。旧型客車の暖房装置は、通常はけん引する機関車から電気や蒸気をもらって動かすのですが、津軽鉄道の機関車はそれができません。そこで津軽鉄道では、客車に石炭ストーブ（その形からダルマストーブとよばれています）を搭載して車内を暖めているのです。いつしかそれが津軽鉄道の冬の名物となり、ストーブでスルメを焼いて日本酒を楽しむ観光客で賑わうようになりました。

ダルマストーブでイカを焼くのが楽しみのひとつ

レトロな旧型客車の車内。ダルマストーブは車端部にあるので、乗客も自然と車端部に集まる

レトロなDD350形ディーゼル機関車がけん引し、一般客が乗車する気動車も連結されている

いろいろな鉄道：観光列車クイズ

## 2＝五能線

80kmにもわたって海が眺められる五能線は、JR東日本随一の観光路線です。ここで運行されているのが「リゾートしらかみ」で、迫力満点の海や山を眺める大きな窓、快適なシート、半個室の4人用ボックスシート、売店カウンターなどを装備し、観光客に好評を博しています。

五能線の絶景ポイント、広戸駅〜深浦駅間を行く

4人用ボックス席はフルフラットシートにもなる

## 3＝わたらせ渓谷鐵道

わたらせ渓谷鐵道は渡良瀬川の源流部に沿って走る風光明媚な路線。かつての国鉄・JR足尾線で、銅山の貨物輸送にも活躍していました。当時もトロッコ列車を運行していましたが、第三セクター化後にさらに力を入れ始めました。そして現在は、機関車けん引の客車タイプの「トロッコわたらせ渓谷号」と、気動車タイプの「トロッコわっしー号」の2種類のトロッコ列車を運行しています。

「サフィール踊り子号」は東京駅〜伊豆急下田駅間の定期特急です。4号車のカフェテリアは2020年の運行開始時はヌードルバーとして麺料理が中心でした。現在は麺料理のほか、カレーや一品メニューも追加され、4人掛けテーブルもあることからかつての特急列車の食堂車のようです。4号車の車両形式は食堂車を示す「シ」が付いた「サシE261」となっています。カフェテリアのほかに、JR東日本初の1＋1列のプレミアムグリーン車やグリーン個室車も連結されています。

## クイズ085

JR土讃線が運行する臨時観光特急「四国まんなか□ものがたり」。□に入る歳月は？

**ちょい難問！**

1 = 百年
2 = 千年
3 = 万年

吉野川の渓谷に映える緑、青、赤のシックな車体色が特徴で、内装も四国の歴史を感じるものになっている

## クイズ086

JR予土線には、「しまんトロッコ」「鉄道ホビートレイン」「海洋堂ホビートレイン」という3種類のユニークな列車が走っていて、3列車をまとめた愛称がある。次の1〜3のうちのどれ？

しまんトロッコ

1 = 予土線トリオ
2 = 予土線3姉妹
3 = 予土線3兄弟

いろいろな鉄道：観光列車クイズ

## クイズ087

食堂列車「おれんじ食堂」を運行している肥薩おれんじ鉄道は熊本県と大分県を走っている。○か×か？

旧国名の肥後と薩摩の区間を走っているぞ

## クイズ088

JR九州の観光特急「海幸山幸」は、日南海岸の観光名所「鬼の◻︎◻︎」が車窓から眺められる。◻︎◻︎に入る、昔の生活用品の名前は？

ヒント！＝今は機械を使っているが、昔のお母さんはこれを使っていたので大変だったよ

## クイズ089

第三セクター鉄道の観光列車は改造車がほとんどだが、えちごトキめき鉄道の「雪◻︎◻︎花」では専用設計の新車を製造した。◻︎◻︎に入る文字は1～3のうちのどれ？

雪中で映える真っ赤な車体が特徴じゃな

1＝月　2＝赤　3＝火

観光列車★クイズ

## 2 = 千年

土讃線のいちばんの見所は、吉野川の侵食でできた美しい渓谷の大歩危・小歩危。「四国まんなか千年ものがたり」は、この渓谷を車窓に食事が楽しめる観光列車で、高級レストランのような落ち着いた内装と快適なシートが好評です。車両は国鉄特急形気動車のキハ185系を改造したものです。

## 洗濯板

日南海岸の観光名所「鬼の洗濯板」は、約700万年前に海中でできた水成岩（硬い砂岩と軟らかい泥岩が繰り返し積み重なったもの）が隆起し、長い年月をかけて軟らかい泥岩が波に洗われ、残った硬い砂岩層が、まるで巨大な洗濯板のように見えることから付いた名前です。「海幸山幸」は宮崎駅～南郷駅間を日豊本線・日南線経由で運行し、「鬼の洗濯板」は日南線の内海駅～小内海駅間で見ることができます。

「海幸山幸」は、災害で廃止になった高千穂鉄道の気動車を改造して誕生した異色のJR観光列車だ

## 1 = 月

第三セクター鉄道の観光列車は一般車を改造して運行することがほとんどだが、えちごトキめき鉄道は2016年から運行を開始した観光列車「雪月花」用に専用設計のET122形1000番代を新造。国内最大級の大きな窓のヨーロッパ的デザインを採用し、グッドデザイン賞や鉄道友の会ローレル賞も受賞しています。運行区間は上越妙高駅を起点とした妙高高原駅～糸魚川駅間で、豪華な車内で食事も楽しめます。

日本海ひすいラインを行く「雪月花」。気動車の機動性を活かしてJR非電化路線にも出張する

## いろいろな鉄道：観光列車クイズ

## クイズ086 答え

### 3＝予土線3兄弟

JR予土線は清流四万十川に寄り添って走ります。3兄弟の特徴を説明すると、まず「しまんトロッコ」は、キハ54形が元国鉄2軸貨車のトロッコをけん引する全身黄色の観光列車です。「鉄道ホビートレイン」は0系新幹線を模した改造が施されており、0系のシートや鉄道模型が展示される内装も人気です。「海洋堂ホビートレイン」は、フィギュア制作で有名な海洋堂とコラボレーションした外装と内装の列車で、沿線には海洋堂の博物館もあります。

鉄道ホビートレイン

海洋堂ホビートレイン（左の車両）

---

## クイズ087 答え

### ×

正解は×です。肥薩おれんじ鉄道は鹿児島本線の八代駅〜川内駅間を引き継いだ第三セクター鉄道で、走行しているのは旧肥後の熊本県と旧薩摩の鹿児島県です。「おれんじ食堂」は2013年から運行を開始し、全国の観光レストラン列車ブームの火付け役となりました。車両も2両がレストラン仕様に改造されました。

おれんじ食堂には2013年の運行開始に合わせて改造されたHSOR-100形の特別仕様車2両が使われる

写真：肥薩おれんじ鉄道

観光列車 ★ 答え

# いろいろな鉄道の「SL列車」クイズ

## クイズ090
国内最長距離のSL列車「SLばんえつ物語」が走る鉄道路線は？

この路線の名所、山都の鉄橋こと一の戸川橋梁を渡る「SLばんえつ物語」

新潟県と福島県を横断するように走っているぞ

## クイズ091
秩父鉄道のSLの列車名は海獣パレオパラドキシアにちなんだ名前である。〇か×か？

運行会社の名前が列車名になっているぞ

## クイズ092
C12形66号機で、栃木県の真岡鐵道が運行しているSL列車は？

C12形66号機は1933年から1972年まで活躍。その後、復元整備され1994年から真岡鐵道で運行中。C12形のSL列車は全国的にも貴重な存在だ

82

いろいろな鉄道：SL列車クイズ

## クイズ093
C11形325号機は真岡鐵道から東武鉄道へ移籍して運行している。その列車名は1～3のうちのどれ？

1＝SL日光　2＝SL鬼怒川　3＝SL大樹

日光・鬼怒川エリアで運行しているぞ

## クイズ094
群馬県を中心にD51形498号機で運行している列車名は、次の1～3のうちのどれ？

1＝SLぐんま いかほ　2＝SLぐんま くさつ
3＝SLぐんま みなかみ

D51形またはC61形がけん引機として運行される快速列車で、客車はオハ47形、スハフ32形などの旧型客車か12系客車が使われている

利根川の最上流部の温泉地に向かっているぞ

## 磐越西線

磐越西線は新潟県の新津駅と福島県の郡山駅を結ぶ175.6kmの路線です。C57形180号機がけん引する「SLばんえつ物語」は、新津駅から途中の会津若松駅までの運行ですが、その距離は111.0km（往復で222.0km）。国内のSL列車で最長の運行距離を誇ります。

山岳路線の磐越西線は勾配区間が多く、C57形180号機も盛大な煙を吐いて力走する

---

## クイズ091 答え

海獣パレオパラドキシアは秩父地方に生息していた恐竜で、その名前にちなんでパレオエクスプレスという列車名がつけられました。運行区間は秩父鉄道の熊谷駅～三峰口駅間で、けん引する機関車はC58形363号機です。1988年から運行しており、当初は旧型客車でしたが2000年からは12系客車が使われています。

釜石線の「SL銀河」の運行が終了した今、C58形が活躍する姿を見られるのは秩父鉄道だけになった

## いろいろな鉄道：SL列車クイズ

### クイズ092 答え

## SLもおか

真岡鐵道は下館駅～茂木駅間41.9kmを走る第三セクター鉄道です。現在は、C12形66号機が50系客車3両をけん引しています。

「SLもおか」のもうひとつの名物がJR東日本から譲渡された50系客車で、車内が原形をとどめているのはこの3両だけという貴重な存在。後部には回送などに使う補助機関車のDE10形1535号機が見える

### クイズ093 答え

## 3＝SL大樹

東武鉄道のSL大樹は2017年から運行されています。C11形325号機のほか、2灯ライトが特徴的なC11形207号機はJR北海道からの借入車、C11形123号機は北海道江別市にあった保存車を復活させた車両で、元は私鉄が発注した機関車です。客車も元国鉄・JRの12系、14系が集められました。

新潟県で静態保存されていたC11形325号機は1996年に真岡鐵道で復活し、2020年に東武鉄道にやってきた

### クイズ094 答え

## 3＝SLぐんま みなかみ

主に上越線の高崎駅～水上駅間を走っていて、「SLぐんま みなかみ」の愛称で運行されています。C61形20号機がけん引することもあります。

85

いろいろな鉄道：SL列車クイズ

**クイズ095** 大井川鐵道はSL列車「□□トーマス号」を運行している。□□に入る文字は？

キミも、小さい時には毎日TVで見たのではないかな

**クイズ096** 国産蒸気機関車最多両数を誇ったD51形の愛称は？

Dをデと読もう

主に貨物列車のけん引として設計、製造された形式で、全国で見ることができた。「D」型なので、動輪は4軸ある

---

**豆知識！** 現在活躍するSL列車の走行区間とSLの種類

| | | | |
|---|---|---|---|
| SL冬の湿原号 | JR北海道 | 釧路駅〜標茶駅 | C11形 |
| SLばんえつ物語 | JR東日本 | 新津駅〜会津若松駅 | C57形 |
| SL大樹・ふたら | 東武鉄道 | 下今市駅〜鬼怒川温泉駅・東武日光駅 | C11形 |
| SLもおか | 真岡鐵道 | 下館駅〜茂木駅 | C12形 |
| SLパレオエクスプレス | 秩父鉄道 | 熊谷駅〜三峰口駅 | C58形 |
| SLぐんま みなかみ | JR東日本 | 高崎駅〜水上駅 | C61・D51形 |
| SLぐんま よこかわ | JR東日本 | 高崎駅〜横川駅 | C61・D51形 |
| SLかわね路号・南アルプス号 | 大井川鐵道 | 新金谷駅〜千頭駅 | C10・C11形 |
| SLきかんしゃトーマス | 大井川鐵道 | 新金谷駅〜千頭駅 | C11形 |
| SLやまぐち | JR西日本 | 新山口駅〜津和野駅 | C57・D51形 |

■現在活躍するSL列車のうち、クイズに登場していないSLの走行写真をP88に掲載しています。

# SLの頭のアルファベットには どういう意味があるの？

「D51」、「C57」など、SLの頭文字はアルファベットになっています。実はこのアルファベットは、SLの動輪（レールに動力を伝える車輪）の数を表わしているのです。

D51形を真横から見てみましょう。動輪は、ロッドと呼ばれる連結棒がつながれている4つの大きな車輪です。左から動輪にA、B、C、Dとアルファベットをふっていくと、動輪の4つ目はDということになります。これはD形機関車ともよばれ、C57形などの動輪3つの機関車はC形機関車とよばれます。

この動輪の数をアルファベットで表わす方式は、現在の電気機関車やディーゼル機関車にも受け継がれており、電気機関車は動輪数のアルファベットの前にEが、ディーゼル機関車はDが付けられます。なお、一部の私鉄や専用鉄道では、独自の方式で形式を付けているものもあります。

## いろいろな鉄道：SL列車クイズ

### クイズ095 答え
### きかんしゃ

大井川鐵道は1976年から蒸気機関車による営業運行を再開し、6両の蒸気機関車が在籍しています（うち2両が営業運行中）。C11形が改造され、2014年から「きかんしゃトーマス号」となりました。

大井川鐵道の人気者「きかんしゃトーマス号」。客車も明るいオレンジ色になっている。

---

### クイズ096 答え
### デゴイチ

日本国内向けに1115両が製造された機関車です。電気機関車、ディーゼル機関車を含めても単一型式で最も多く製造され、現在も抜かれていません。このほか、海外向けに作られたD51形もありました。

デゴイチは各地に保存されている。この452号機は東京都青梅市にある青梅鉄道公園で見ることができる

---

■P86で掲載している「現在活躍するSL列車」の走行シーン

SLかわね路号・南アルプス号（大井川鐵道）

SL冬の湿原号（JR北海道）

# 重連運転って何?

　重連運転とは、機関車を2両連結して列車を運行することです。主に勾配がきつい路線で見られるもので、重連でけん引することでスピードを落とすことなく、または貨車や客車を減らすことなく列車を運行できるのです。
　列車の最後部に機関車を連結する後押し運転も、同じ理由でおこなわれるものです。

蒸気機関車の重連運転はイベントでおこなわれるものだが、かつては日本中の山岳路線で見られた

ハイパワーのDF200形ディーゼル機関車に重連運用はないので、この重連シーンは非常に珍しい

かつて北海道内を走っていた寝台特急は、高いスピードを維持するためにDD51形重連がけん引した

東武鉄道「SL大樹」の後部にはDE10形が連結されるが、これはSLの故障時対策のためだ

石北本線名物のDF200形後押しの貨物列車。さすがのDF200形も、ここでは2両が力を合わせる

# いろいろな鉄道の「貨物列車」クイズ

### クイズ 097

1873（明治6）年、日本最初の貨物列車が運行されたが、その運行区間は新橋駅〜□□□□駅間である。□□□□に入る駅名は？

> 日本初の旅客列車と同じ運行区間だぞ

### クイズ 098

JRの貨物列車が走っていない県は7つあるが、次の8つの県の中に、貨物列車が走っている県が1つまざっている。それはどれ？

> 隣同士の県はどちらも走っていそうだがなぁ……

1＝奈良県、2＝和歌山県、3＝鳥取県、4＝島根県、5＝徳島県、6＝高知県、7＝長崎県、8＝沖縄県

### クイズ 099

かつては機関車の重連運転はよく見られたが、現在は定期的にはおこなわれていない。○か×？

> 機関車運行のだいご味である重連運転がなくなるとさみしいな〜

90

いろいろな鉄道：貨物列車クイズ

## クイズ100

ヒント＝全国地図をなぞってみよう！

日本最長距離貨物列車の走行距離は約2100km。北海道〜青森県〜秋田県〜[ 1 ]〜新潟県〜富山県〜[ 2 ]〜福井県〜[ 3 ]〜京都府〜大阪府〜[ 4 ]〜岡山県〜広島県〜[ 5 ]〜福岡県を走るが、1〜5の□に当てはまる5つの県はどこ？

ヒント！　日本海沿いを南下して山陽地方を走るよ！

## クイズ101

ちょい難問！

全国を走り回っているJR貨物なのに、自社の線路は35.5kmしか所有していない。〇か×か？

## クイズ102

ちょい難問！

JR貨物の貨物列車で一番長い編成は何両編成？

1＝16両編成
2＝26両編成
3＝36両編成

列車の全長は機関車も含めて約520mにもなるんじゃ

主にEF210形がけん引する東海道本線の貨物列車は、その多くが貨物列車最長編成で運行されている

## クイズ097 答え

### 横浜

日本初の鉄道である新橋駅〜横浜駅間での運行が最初です。旅客列車の運行開始翌年の1873年から運行を開始し、横浜港から海を渡る荷物を運んでいました。

桜木町駅併設の旧横濱鉄道歴史ギャラリーのジオラマでは、開業当時の横浜駅と貨物列車用施設が再現されている

---

## クイズ098 答え

### 3＝鳥取県

山陽本線と伯備線を経由して、岡山県の岡山貨物ターミナル駅から鳥取県の伯耆大山駅を結ぶ貨物列車が運行されています。かつては島根県も含めた山陰地方に貨物列車が走っていましたが、現在は鳥取県だけになっています。

山岳路線の伯備線で運行される貨物列車には、勾配に強いEF64形1000番代がけん引する

---

## クイズ099 答え

### ×

JR中央本線（中央西線）と三岐鉄道三岐線の2か所で運転されています。JR中央本線ではEF64形1000番代が、三岐鉄道ではED45形が重連で貨物列車を引いています。しかし、EF64形1000番代は老朽化が進んでいるので、中央本線の重連運転はまもなく見納めになる予定です。

EF64形1000番代の重連貨物列車は、東海道本線の稲沢駅〜篠ノ井線の南松本駅間で運行されている

いろいろな鉄道：貨物列車クイズ

 答え

## 1＝山形県、2＝石川県、3＝滋賀県、4＝兵庫県、5＝山口県

北海道の札幌貨物ターミナル駅から福岡県の福岡貨物ターミナル駅まで約40時間かけて直通運行されるコンテナ列車です。列車は北海道から青函トンネルを通って、日本海縦貫線を経由して近畿地方に入ります。その後、東海道本線、山陽本線から関門トンネルを通って九州に入ります。主に北海道の農作物を沿線各地へ運んでいます。

福岡貨物ターミナルから札幌貨物ターミナルへ向かう列車もあるが、若干走行距離が短く所要時間も短い

---

答え

JR貨物の自社路線は合計35.3kmだけで、最も長い路線でも8.7km（東海道貨物線の吹田貨物ターミナル駅〜大阪貨物ターミナル駅間）しかありません。基本的にJR貨物はJR旅客会社や第三セクター鉄道の線路を借りて貨物列車を運行しています。こうした他社の線路を借りて列車を運行する事業者のことを「第二種鉄道事業者」といいます。

宮城県の仙台貨物ターミナル駅付近の貨物専用線（写真右の複線）は、東北本線の一部でJR東日本が所有する

---

答え

## 2＝26両編成

比較的平坦で線路設備も整った東海道・山陽・鹿児島本線では、国内最長の26両編成のコンテナ貨物列車が運行されています。1列車で最大650トンの荷物を運ぶことが可能で、これは10トントラック65台分に相当し、省エネルギーと$CO_2$排出量の大幅な低減、トラックドライバーの負担軽減に役立っています。

## クイズ103

☐開発鉄道は三陸エリアで1日10往復を超える貨物列車を運行している。☐に入る県名は、1〜3のうちのどれ？

1＝秋田　2＝岩手　3＝福島

石灰石を満載した列車と、これから石灰石を積みに行く列車が山間の駅で交換。この鉄道の日常風景だ

この3県のうち、三陸エリアは1県だけだぞ

## クイズ104

私鉄でいちばんの貨物輸送量を誇る鉄道会社は？

青い車体に白い帯を巻いた電気機関車が長大な石灰石貨物列車をけん引する

埼玉県の鉄道会社でSLも運行しているぞ

いろいろな鉄道：貨物列車クイズ

**クイズ105**
大阪駅には貨物列車が通過する地下ホームがある。○か×か？

さて、どっちかな

**クイズ106**
臨海鉄道が走っている県は、北から順に青森県、 1 、福島県、 2 、千葉県、神奈川県、愛知県、岡山県である。 1 、 2 の県はどこ？

都道府県の位置がわかれば超簡単問題だぞ

仙台港近くの引き込み線を走る仙台臨海鉄道の貨物列車。臨海鉄道では広大なヤードを利用し、荷物の受け渡しのため頻繁に編成を組み替える様子を見ることができる

**豆知識！ 臨海鉄道って何？**

旧国鉄と連携して鉄道貨物を輸送するために設立された第三セクター方式の地方鉄道です。臨海工業地帯の工場への貨車の受け渡しを主な事業としており、通常は機関車だけを保有し、貨車は保有していません。臨海鉄道は貨物の取り扱いが主ですが、鹿島臨海鉄道と水島臨海鉄道は旅客営業があり、旅客輸送用のディーゼルカーを保有しています。

 答え

## 2＝岩手

岩手県大船渡市の港湾部にある太平洋セメント大船渡工場に、山間部で採掘したセメント原料の石灰石を輸送する貨物鉄道です。路線距離は11.5kmで、途中駅に三陸鉄道の盛駅があります。中型ディーゼル機関車に引かれた長編成貨物列車が頻繁に行き来する様子は壮観です。

青いDD56形ディーゼル機関車がけん引する岩手開発鉄道の貨物列車。かつては旅客営業も実施していた

---

クイズ104 答え

## 秩父鉄道

秩父鉄道の貨物列車は、主にセメントの原料となる石灰石を輸送しています。運行本数は1日20往復以上で、けん引する電気機関車も20両以上保有し、私鉄一の貨物輸送量を誇ります。

---

クイズ105 答え

2023年2月13日、東海道本線の支線（梅田貨物線）のうち、大阪駅に隣接する旧梅田駅付近が地下化されました。以前はこの区間の地上を通過していた特急電車などが3月18日から地下の新設ホームに停車するようになり、貨物列車もこの地下線のホームを通過するようになりました。

大阪都心部の地下ホームを前後に機関車を付けた後押し運転で通過する貨物列車

この地下ホームは他のホームと離れているが、同じ「大阪駅」なのだ！地下化で急な登り坂になったため、後押し運転が見られるぞ！

96

## いろいろな鉄道：貨物列車クイズ

### クイズ106 答え

## 1＝宮城県、2＝茨城県

臨海鉄道は臨海工業地帯の工場への貨物輸送をしているのだ

鹿島臨海鉄道は貨物輸送だけでなく、旅客輸送もしているぞ

レトロな国鉄DD13形タイプのKRD形ディーゼル機関車も活躍する鹿島臨海鉄道

鹿島臨海鉄道は水戸駅〜鹿島サッカースタジアム駅間の大洗鹿島線で旅客輸送している

写真：鹿島臨海鉄道（2点とも）

### ■臨海鉄道事業者リスト

| 会社名 | 所在地 | 運行区間 |
| --- | --- | --- |
| 八戸臨海鉄道 | 青森県 | 八戸貨物駅〜北沼駅間 |
| 仙台臨海鉄道 | 宮城県 | 陸前山王駅〜仙台港駅間、仙台港駅〜仙台西港駅間など |
| 福島臨海鉄道 | 福島県 | 泉駅〜小名浜駅間 |
| 鹿島臨海鉄道 | 茨城県 | 鹿島サッカースタジアム駅〜奥野谷浜駅間（貨物線）<br>水戸駅〜鹿島サッカースタジアム駅間（旅客線：大洗鹿島線） |
| 京葉臨海鉄道 | 千葉県 | 蘇我駅〜北袖駅間など |
| 神奈川臨海鉄道 | 神奈川県 | 川崎貨物駅〜千鳥町駅間、横浜本牧駅〜本牧埠頭駅間など |
| 衣浦臨海鉄道 | 愛知県 | 東成岩駅〜半田埠頭駅間、東浦駅〜碧南市駅間 |
| 名古屋臨海鉄道 | 愛知県 | 笠寺駅〜東浦駅間、東港駅〜名古屋南貨物駅〜知多駅間など |
| 水島臨海鉄道 | 岡山県 | 倉敷市駅〜倉敷貨物ターミナル駅間など（貨物線）<br>倉敷市駅〜三菱自工前駅間（旅客線：水島本線） |

貨物列車★答え

97

いろいろな鉄道：貨物列車クイズ

**クイズ 107** 日本で唯一、セメント輸送専用列車が走っているのは何県？

巨大な港やコンビナートがある街を走っているぞ

**クイズ 108** JR貨物が運行している「全農号」は何を運んでいる？

東北〜北陸の穀倉地帯で収穫される農産物を運ぶ。コンテナがすべて同色はチャータ貨物列車ならでは

わしも大好きな日本人の主食だ

**クイズ 109** 勾配とカーブがきつい広島県の山間部では、貨物列車は変わった運転方法を実施している。その運転方法は、1〜3のうちのどれ？

1＝重連運転　2＝後押し運転　3＝編成分割運転

いろいろな鉄道の「電気機関車&ディーゼル機関車」クイズ

### クイズ110

JR貨物のHD300形機関車は自動車で増えている環境にやさしい走行方式を採用している。その走行方式は、次の1〜3のうちのどれ？

1＝電気式　2＝ハイブリッド式　3＝燃料電池式

### クイズ111

現在のJR型電気機関車で一番の力持ちは、次の3つのうちのどれ？

やっぱり2車体連接の機関車が強そうじゃな

1＝EF66形100番代
2＝EH500形
3＝EH200形

### クイズ112

雪かきを仕事にする車両は、次の1〜3のうちのどれ？

線路上の雪を跳ね飛ばすDE15形。機関車の前後に除雪装置を連結する

1＝散水車　2＝ショベルカー　3＝ラッセル車

いろいろな鉄道：貨物列車クイズ

## 三重県

三重県を走る三岐鉄道三岐線の東藤原駅〜富田駅間を走る貨物列車がセメント列車です。以前は秩父鉄道、樽見鉄道、西武鉄道などでも見られましたが、現在は三岐鉄道が唯一、セメント列車が走る私鉄となりました。

クイズ099で説明したとおり、三岐鉄道は定期的に電気機関車ED45形での重連運転をおこなっている
写真：三岐鉄道

## お米

2023年秋から八戸貨物駅（青森県八戸市）〜百済貨物ターミナル駅（大阪府大阪市）間を日本海沿いに走る全国農業協同組合連合会（JA全農）とJR貨物などが共同運行する貨物列車の愛称です。東北地方をはじめ新潟、北陸地方で収穫されたお米（玄米）をコンテナに積載し、東青森、秋田、新潟、金沢の貨物駅を経由して大消費地の近畿地方へと輸送します。1列車当たりトラック約50台分の積載量を運搬できます。

## 2＝後押し運転

広島県の山陽本線瀬野駅〜八本松駅間は勾配とカーブがきつく、「セノハチ」とよばれる蒸気機関車時代からの難所です。そのため、重量貨物列車は広島貨物ターミナル駅で列車の最後部に機関車を連結して後押しをしてもらい、西条駅で切り離します。この区間は片勾配なので、後押し運転は上り列車だけで実施されています。また、石北本線や大阪駅付近の東海道本線の貨物線の地下区間でも同様の後押し運転がおこなわれています。

## いろいろな鉄道：電気機関車&ディーゼル機関車クイズ

### クイズ110 答え

## 2＝ハイブリッド式

ディーゼルエンジンで発電した電気を大容量バッテリーに蓄電し、走行時はそのバッテリーの電気とエンジンで発電した電気の両方を利用してモーターを駆動するシリーズハイブリッド方式を採用しています。

HD300形は2010年に登場したJR貨物の機関車。主に入れ替え用として使用されている

### クイズ111 答え

## 3＝EH200形

3形式の機関車の定格出力（日常的なパワー）は、EF66形100番代が3900kw、EH500形が4000kw、EH200形が4520kwで、EH200形が一番の力持ちになります。EH200形は山岳路線で使用される機関車なので、特にハイパワーが与えられているのです。

中央本線の小仏峠を力強く登るEH200形。2車体連接構造によりEF64形重連に近いパワーを発揮する

### クイズ112 答え

## 3＝ラッセル車

ラッセル車は除雪のために使用される車両です。代表的な車両はDE15形で、除雪作業時はディーゼル機関車の両側に除雪装置（ラッセルヘッド）を連結した編成で運行されています。

## クイズ113

蒸気機関車を引退に追い込んだハイパワーで故障の少ない高性能ディーゼル機関車は、1〜3のうちのどれ？

**ヒント！** 車両の形をよ〜く見よう！

① DF200形

② DE10形

③ DD51形

当時のSLファンには「文鎮」などとよばれていたんじゃ

## クイズ114

国鉄時代でも珍しかった機関車が三重連でけん引する列車だが、じつは1993年まで定期的に運転される峠区間があった。その峠の名前は？

1＝板谷峠
2＝碓氷峠
3＝倶利伽羅峠

EF62形の前にEF63形重連を連結する三重連列車は、峠を下る上り列車だけで見られた

写真：本間俊浩

いろいろな鉄道：電気機関車＆ディーゼル機関車クイズ

## クイズ115　超難問！

青函トンネルを走行する貨物列車はEH800形機関車がけん引するが、ほかのJRの機関車には通常装備されない特別装備が3つある。以下のうち、装備されているものに○をつけよう。（正解は3つ）

| |
|---|
| 新幹線の信号装置のATC機器の搭載 |
| 新幹線の電圧（交流25000ボルト）に対応した機器 |
| 緊急時に新幹線をけん引する装置 |
| 新幹線用の無線機器 |

## クイズ116

国鉄時代には、電気機関車がどの電流に対応しているかを、青色系と赤色系のボディ色で区分していた。その組み合わせを正しくむすぼう。

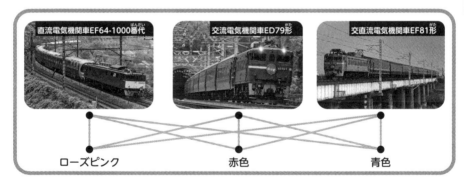

## クイズ117

大阪府から青森県、北海道を結ぶ貨物列車が通る日本海縦貫線では、大阪発の列車は直流→　1　→直流→　2　と異なる電化方式の区間を直通運行している。　1　と　2　それぞれに「交流50Hz」と「交流60Hz」を入れよう。

## クイズ113 答え

## ③DD51形

「北斗星」を重連でけん引するDD51形

かつての国鉄ディーゼル機関車はSLよりパワーがなく、故障も多かったですが、1962年に登場したDD51形は、その悪いイメージをすべて払拭した高性能機関車でした。DD51形の総製造両数は649両にもなり、まさにディーゼル機関車のD51形（SL機関車の最量産車）といえる隆盛を誇り、JR化後もJR四国を除くJR各社に引き継がれます。青く塗られて寝台特急「北斗星」のけん引にも活躍しましたが、2024年にJR東日本所属車のラストランがおこなわれ、現在はJR西日本に数両が残るのみになっています。

---

## クイズ114 答え

## 2＝碓氷峠

碓氷峠は信越本線の横川駅～軽井沢駅間にあったJRの最急勾配区間で、その最大勾配は66.7‰でした。しかし、1997年の北陸新幹線開業で廃線となりました。ここを通る客車列車や貨物列車はEF62形がけん引し、碓氷峠ではさらにEF63形重連を連結（下り列車は最後尾に、上り列車はEF62形の前に連結）していました。1993年まで、客車夜行急行の「能登」が運行されていたので、定期的に三重連列車を見ることができたのです。ここで連結されるEF63形は、横川駅～軽井沢駅間だけで運用されていた碓氷峠のスペシャリストで、「峠のシェルパ」とよばれて親しまれました。

---

## クイズ115 答え

| 新幹線の信号装置のATC機器の搭載 | ○ |
|---|---|
| 新幹線の電圧（交流25000ボルト）に対応した機器 | ○ |
| 緊急時に新幹線をけん引する装置 | |
| 新幹線用の無線機器 | ○ |

EH800形は青森県の青森駅付近（青森信号所）から北海道の五稜郭駅の間で運用される交流電気機関車です。北海道新幹線の線路を走るために、新幹線用の信号（ATC）対応機器と新幹線用のデジタル無線機器を搭載し、在来線の架線電圧（交流20000V50Hz）と新幹線の架線電圧（交流25000V50Hz）の両方に対応できる性能を持っています。

## いろいろな鉄道：電気機関車&ディーゼル機関車クイズ

### クイズ116 答え

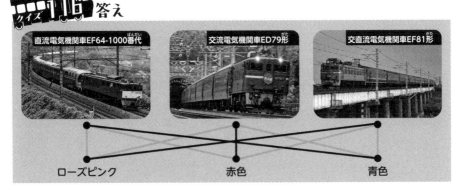

昭和初期の国鉄電気機関車は茶色一色でしたが、昭和30年代になると電気機関車の新性能化が進められ、同時に鮮やかな色が塗られるようになります。直流電気機関車は青色、交流電気機関車は赤色、両用の交直流電気機関車はローズピンクとされ、これは現在のJR型機関車にもほぼ継承されています。そして、ディーゼル機関車が赤色系なのも国鉄時代からの伝統です。九州に投入されたJR貨物のEF510形300番代は、交直流電気機関車ながら銀色が採用されていますが、これは関門トンネル用ステンレス車体のEF81形300番代にならったものなのかもしれません。

---

### クイズ117 答え

1＝交流60Hz　2＝交流50Hz

日本海縦貫線は日本海側を走る路線の通称です。もともとはすべて国鉄・JRの路線でしたが、新幹線の開通により福井県から新潟県にかけての旧北陸本線の区間が第三セクター鉄道4社に移管されました。移管後も貨物列車は会社の境界、次々と変わる電化方式の境界を越え、直通運行により荷物を運んでいます。

交流60Hzのあいの風とやま鉄道

直流1500Vの信越本線

交流50Hzの羽越本線

# 「カラー企画」答え

## クイズ001 答え

① ——— JR北海道・快速エアポートuシート
② ——— 京阪・PREMIUM CAR（プレミアムカー）
③ ——— 阪急・PRiVACE（プライベース）
④ ——— JR西日本・新快速Aシート

### ①阪急・PRiVACE（プライベース）
2024年に登場した阪急電鉄のPRiVACEは京都線の大阪梅田駅～京都河原町駅間の特急などに使われる一部の9300系、2300系8両編成の4号車に連結されます。阪急マルーンの車体にゴールドの帯が追加され、乗降扉は中央の1か所のみの特徴ある外観。座席は2+1の3列配置で、共用の荷物置き場があります。料金は一乗車あたり500円です。

### ②JR西日本・新快速Aシート
2019年に登場したJR西日本の京阪神を走る「新快速」6往復に設定。一部の223系、225系12両編成の9号車に連結されます。片側3扉のうち中央の扉を閉鎖し、客室化しています。同社の特急電車に準じた車内設備で、座席は4列配置。A-SEATサービスは網干・姫路駅～草津・野洲駅間で実施。料金はインターネット予約で600円、券売機販売で840円です。

### ③ＪＲ北海道・快速エアポートuシート
新千歳空港駅～札幌駅～小樽駅間で運行されるすべての快速「エアポート」の721系、733系の4号車に連結されます。乗降ドア間の客室を扉で仕切った半室構造で、大型の荷物置き場を各室に設置。車内設備や座席は同社の特急列車に準じ、2+2のリクライニングシートで料金は一乗車840円です。

### ④京阪・PREMIUM CAR（プレミアムカー）
2017年に登場した京阪電鉄のプレミアムカーは、その後登場する料金不要の速達列車の特別車両の火付け役になりました。同社の特急、快速急行に使用される8000系と3000系の6号車に連結され、豪華なエントランスが印象的です。座席は3列配置で、空気清浄機が設置されているのも特徴。料金は距離に応じた400円と500円の2段階制です。

いろいろな鉄道：カラー企画クイズ

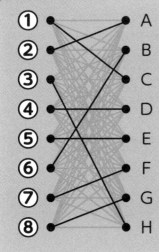

**A＝JR北海道「キハ261系ラベンダー編成・はまなす編成」**
JR北海道の多目的特急型気動車で、通常の座席車にプラスして座席が窓に向いたフリースペース車も連結。特急列車の代走運用や、臨時特急「ふらのラベンダーエクスプレス」や北海道周遊ツアー列車などでも運行される観光列車的な車両です。

**B＝JR東日本「リゾートしらかみ」**
JR東日本随一の絶景路線の五能線で運行される観光列車。1日最大3往復も運行される人気の列車で、運行区間は秋田駅〜弘前駅・青森駅。快適なリクライニングシートとグループに最適な4人ボックス席、売店などを装備するハイブリッド気動車のHB-E300系、キハ48形改造車が使用されます。津軽三味線実演や津軽弁の語り部などの車内イベントも人気です。

**C＝西武鉄道「52席の至福」**
首都圏大手私鉄の西武鉄道が運行するレストラン列車で、東京都心部を発着する数少ない観光列車のひとつ。池袋駅と西武新宿駅を出発する便があり、ともに終点は西武秩父駅。4000系電車を改造した車内は2人がけ・4人がけのテーブル席が並び、季節ごとに変わるコース料理を楽しめます。

**D＝JR西日本「WEST EXPRESS 銀河」**
コンセプトは「気軽に乗れる長距離列車・夜行列車」で、かつての在来線長距離列車の旅を現在によみがえらせたような観光列車です。車両は貴重な国鉄型の117系電車で、ベーシックなリクライニングシートから個室寝台にもなる豪華なグリーン個室まで、長距離を楽しめる様々な設備が自慢です。

**E＝近畿日本鉄道「しまかぜ」**
豪華なプレミアムシートやグループ個室、軽食が楽しめるカフェ車両などを連結する人気観光列車で、週6日運転という、ほぼ定期列車であるのも特徴です。車両は専用の50000系で、3編成あることから大阪難波駅、京都駅、近鉄名古屋駅の3ターミナル駅を出発し、伊勢志摩の賢島駅を目指します。

**F＝JR四国「伊予灘ものがたり」**
JR四国を代表する観光列車で、運行区間は松山駅〜伊予大洲・八幡浜駅。美しい瀬戸内海が広がる予讃線を走行し、海に沈む夕日が美しい下灘駅にも立ち寄ります。海を向いたシートで食事を楽しめるほか、グループ向けのボックス席などもあります。車両は二代目で、現在は国鉄型気動車のキハ185系の改造車です。

**G＝JR九州「ふたつ星4047」**
2022年の西九州新幹線開業に合わせて誕生した観光列車。列車が走る佐賀県と長崎県を「ふたつの星」と見立て、キハ40・47形を改造した豪華な列車で、変化に富んだ海の車窓と地域の食を楽しむということからネーミングされています。運行経路は、武雄温泉駅を起点に有明海側の長崎本線を経由して長崎駅へ向かい、折り返し列車は大村湾側の長崎本線と大村線を経由して武雄温泉駅へ戻るというものです。上下列車とも武雄温泉駅で西九州新幹線に連絡しています。

**H＝西日本鉄道「THE RAIL KITCHEN CHIKUGO」**
西鉄の通勤型電車の6050形を改造したユニークなレストラン列車で、西鉄福岡（天神）駅〜大牟田駅間などで運行しています。車内は2人用・4人用のテーブルが並び、車内で焼くピザをメイン料理としていたのもユニークでしたが、近年は季節のコース料理を提供しています。

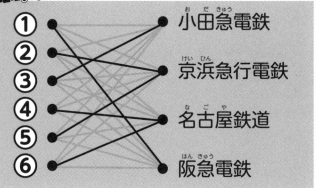

小田急電鉄の通勤電車は伝統的に窓下にロイヤルブルーの帯が入るカラーリングです。京浜急行（京急）電鉄は赤い車体をベースとして窓下に白帯（写真②）、または窓周りにアイボリーが入る伝統のカラーリング（写真⑤）です。名古屋鉄道（名鉄）は赤一色（写真④）ですが、一部赤とアイボリーのカラーリングの車両（写真⑥）も見られます。この3社の車両はステンレス製車体の車両でも、それぞれのイメージカラーの帯を取り入れているのが特徴です。阪急電鉄は長くマルーンとよばれる小豆色の車体色で、車体上部にアイボリーのラインが入っている車両も見られます。

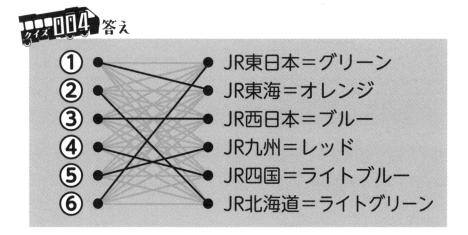

1987年の国鉄分割民営化の際に、継承されたJR各社にコーポレートカラーが制定され、その色を取り入れた車両が多く登場しました。最近の新造車両でも採用されていて、地域のカラーとしても定着しています。ちなみに、JR貨物はコンテナブルーです。

いろいろな鉄道：カラー企画クイズ

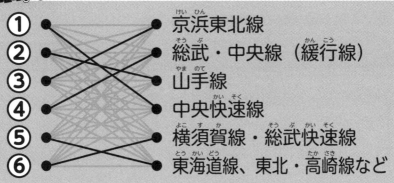

首都圏では路線や停車駅に合わせ、路線カラーと同じカラーの車両が走っています。東京近郊を走る電車にも伝統的なカラーリングが取り入れられ、東海道線、東北・高崎線、湘南新宿ラインなどを走るオレンジと緑のカラーリングを「湘南色」、横須賀線と総武快速線を走る濃紺とクリームのカラーリングを「横須賀色」とよび、長年親しまれています。ステンレス車が増えた現在でも、帯の色に見ることができます。

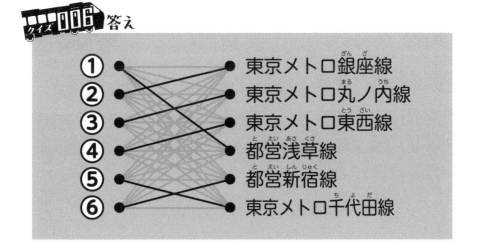

東京の地下鉄路線は、路線図や駅の案内表示に使われる路線カラーとその路線の所有会社の電車の帯の色が揃っている路線があります。ただ近年は、乗り入れる私鉄との相互直通運転やほかの路線との車両共通化などにより、必ずしも一致していません。

## 岡山電気軌道

岡山市街地で100年以上運行している歴史ある路面電車で、地元では「おかでん」とよばれて親しまれています。チャギントンは世界で大人気の鉄道アニメで、チャギントン電車は、人気キャラクターの「ウィルソン」と「ブルースター」を背中合わせに連結したようにして再現したものです。MOMOは2002年に岡山電気軌道に初めて導入された低床車で、その愛称は岡山のヒーロー（？）である桃太郎からきています。KUROは1969年からおかでんで活躍する生え抜きの最古参電車ということで、黒色にリニューアルされた電車。2024年4月にさらなるリニューアルが実施され、竹久夢二生誕140周年記念のアートラッピング電車として運行されています。

赤いボディのチャギントン電車

## 1＝日本最西端と最南端の駅がある

モノレールを含めると、日本最西端の駅は那覇空港駅、最南端の駅は赤嶺駅になります。ゆいレール（沖縄都市モノレール）は2003年8月の開業時からすべて2両編成でしたが、利用客が増えたため2023年8月から一部の列車に3両編成が登場しました。

上／赤嶺駅は駅前ロータリー内に石碑が建つ。
下／那覇空港駅では改札口横にオブジェがある

## 神戸新交通六甲アイランド線

神戸新交通六甲アイランド線は1990年に開業し、1000型が長らく活躍しましたが、老朽化のため2018年に新型車両の3000形が投入されました。この3000形のデザインは、高級スポーツカーのフェラーリやJR東日本のE6系新幹線などをデザインした奥山清彦氏が担当。港町を走ることから、船をイメージした斬新なデザインになっています。

※P15のクイズ009に掲載している写真は、神戸新交通提供

いろいろな鉄道：カラー企画クイズ

## クイズ010 答え

### 生駒ケーブル宝山寺線

宝山寺線には車が通れるユニークな踏切があり、ちょうどここで上下列車がすれ違う

生駒ケーブルの開業は1918年で、100年以上の歴史があります。近畿地方の大手私鉄である近畿日本鉄道（近鉄）が運営していて、正式名称は近鉄生駒鋼索線で、宝山寺線と山上線があります。近鉄奈良線の鳥居前駅から生駒山上駅までの2.0kmを結んでおり、生駒山への観光客輸送のほか、沿線に住宅が多いことから生活路線としても利用されています。宝山寺線は複線のように見える単線並列式（単線の線路がふたつ並んでいる）を採用しているのが特徴で、多客時には2本の線路がフル稼働して、合計4両の車両が行き来します。また、ケーブルカーでは珍しい踏切が7か所あるのも特徴です。

## クイズ011 答え

### 路線＝山口線　列車名＝SLやまぐち

1975年、北海道で国鉄最後の営業用SLが火を落としました。その後、1976年に私鉄の大井川鐵道でSLの復活運行が開始されましたが、それに負けじと国鉄も、1979年から山口線で復活運行を開始。機関車は「貴婦人」の愛称を持つC57形の1号機が抜擢されました。運行区間は新山口駅（2003年に小郡駅から改称）〜津和野駅間で、運行開始から40年以上が経過した現在も元気に活躍しています。近年はデゴイチことD51形200号機も仲間に加わり、鉄道ファンを楽しませています。

2017年から「SLやまぐち」の仲間に加わったD51形200号機。勾配区間で実力を発揮する

## クイズ012 答え

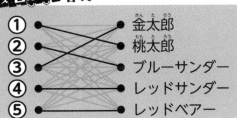

DF200形は非電化区間も走れるディーゼル機関車で、ほかは電気機関車です。EF210形とEH200形は直流専用の機関車、EH500形とEF510形は交直流両用機です。

111

## 日本一周 鉄道クイズの旅
### ③いろいろな鉄道編

2025年2月初版
2025年2月第1刷発行

| | |
|---|---|
| 出題・文 | 鉄道クイズの旅研究部（編集会議内） |
| イラスト・作図 | 中山けーしょー |
| 写真 | 伊坂和夫、石沢太一、伊藤岳志、編集会議ライブラリー |
| 編集 | 有限会社編集会議 |
| | 伊藤岳志、川瀬修一、新川栄一 |

発行者　鈴木博喜
発行所　株式会社理論社
　　　　〒101-0062　東京都千代田区神田駿河台2-5
　　　　電話　営業 03-6264-8890　編集 03-6264-8891
　　　　URL　https://www.rironsha.com

| | |
|---|---|
| 表紙デザイン | 中山けーしょー |
| 本文デザイン | アジュール |
| 印刷・製本 | 中央精版印刷 |
| 企画 | 小宮山民人 |

©2025 Rironsha Printed in Japan
ISBN978-4-652-20644-7　NDC686　A5判　22cm 111P

落丁・乱丁本は送料小社負担にてお取り替えいたします。
本書の無断複製（コピー、スキャン、デジタル化等）は著作権法の例外を除き禁じられています。私的利用を目的とする場合でも、代行業者等の第三者に依頼してスキャンやデジタル化することは認められておりません。

# 地下鉄、路面電車、モノレール、新交通システム、ケーブルカー、SL列車・運行路線リスト

■大都市圏鉄道の運行路線リストは表紙裏の前に掲載　※観光列車、貨物列車、電気＆ディーゼル機関車を除く
※ふりがなはスペースの都合上、難読に限る

## ■地下鉄

### ●札幌市交通局　札幌市営地下鉄

| 運行地域 | 路線名 | 運行区間 |
|---|---|---|
| 北海道 | 南北線 | 真駒内駅～麻生駅 |
| | 東西線 | 宮の沢駅～新さっぽろ駅 |
| | 東豊線 | 栄町駅～福住駅 |

### ●仙台市交通局　仙台市地下鉄

| 運行地域 | 路線名 | 運行区間 |
|---|---|---|
| 宮城県 | 南北線 | 泉中央駅～富沢駅 |
| | 東西線 | 八木山動物公園駅～荒井駅 |

### ●東京地下鉄　東京メトロ

| 運行地域 | 路線名 | 運行区間 |
|---|---|---|
| 東京都 | 銀座線 | 渋谷駅～浅草駅 |
| 東京都 | 丸ノ内線 | 池袋駅～荻窪駅、中野坂上駅～方南町駅 |
| 東京都 | 日比谷線 | 中目黒駅～北千住駅 |
| 東京都~千葉県 | 東西線 | 中野駅～西船橋駅 |
| 東京都 | 千代田線 | 北綾瀬駅～代々木上原駅 |
| 東京都~埼玉県 | 有楽町線 | 和光市駅～新木場駅 |
| 東京都 | 半蔵門線 | 渋谷駅～押上駅 |
| 東京都 | 南北線 | 目黒駅～赤羽岩淵駅 |
| 東京都 | 副都心線 | 小竹向原駅～渋谷駅 |

### ●東京都交通局　都営地下鉄

| 運行地域 | 路線名 | 運行区間 |
|---|---|---|
| 東京都 | 浅草線 | 西馬込駅～押上駅 |
| 東京都 | 大江戸線 | 都庁前駅～光が丘駅 |
| 東京都~千葉県 | 新宿線 | 新宿駅～本八幡駅 |
| 東京都 | 三田線 | 目黒駅～西高島平駅 |

### ●横浜市交通局　横浜市営地下鉄

| 運行地域 | 路線名 | 運行区間 |
|---|---|---|
| 神奈川県 | 1号線 | 関内駅～湘南台駅(路線愛称：ブルーライン) |
| | 3号線 | 関内駅～あざみ野駅(路線愛称：ブルーライン) |
| | 4号線 | 中山駅～日吉駅(路線愛称：グリーンライン) |

### ●名古屋市交通局　名古屋市営地下鉄

| 運行地域 | 路線名 | 運行区間 |
|---|---|---|
| 愛知県 | 東山線 | 高畑駅～藤が丘駅 |
| | 名港線 | 金山駅～名古屋港駅 |
| | 桜通線 | 太閤通駅～徳重駅 |

| | 名城線 | 金山駅～金山駅(環状線) |
| | 鶴舞線 | 上小田井駅～赤池駅 |
| | 上飯田線 | 上飯田駅～平安通駅 |

### ●京都市交通局　京都市営地下鉄

| 運行地域 | 路線名 | 運行区間 |
|---|---|---|
| 京都府 | 烏丸線 | 国際会館駅～竹田駅 |
| | 東西線 | 六地蔵駅～太秦天神川駅 |

### ●大阪市高速電気軌道　Osaka Metro

| 運行地域 | 路線名 | 運行区間 |
|---|---|---|
| 大阪府 | 御堂筋線 | 江坂駅～中百舌鳥駅 |
| | 谷町線 | 大日駅～八尾南駅 |
| | 四つ橋線 | 西梅田駅～住之江公園駅 |
| | 中央線 | コスモスクエア駅～長田駅 |
| | 千日前線 | 野田阪神駅～南巽駅 |
| | 堺筋線 | 天神橋筋六丁目駅～天下茶屋駅 |
| | 長堀鶴見緑地線 | 大正駅～門真南駅 |
| | 今里筋線 | 井高野駅～今里駅 |

### ●神戸市交通局　神戸市営地下鉄

| 運行地域 | 路線名 | 運行区間 |
|---|---|---|
| 兵庫県 | 西神・山手線 | 新神戸駅～西神中央駅 |
| | 北神線 | 新神戸駅～谷上駅 |
| | 海岸線 | 新長田駅～三宮・花時計前駅 |

### ●福岡市交通局　福岡市地下鉄

| 運行地域 | 路線名 | 運行区間 |
|---|---|---|
| 福岡県 | 空港線 | 姪浜駅～福岡空港駅 |
| | 箱崎線 | 中洲川端駅～貝塚駅 |
| | 七隈線 | 橋本駅～博多駅 |

## ■路面電車

| 運行地域 | 事業者名 | 路線名 |
|---|---|---|
| 北海道 | 札幌市交通事業振興公社(札幌市電) | 一条線・山鼻西線・山鼻線・都心線 |
| 北海道 | 函館市企業局交通部(函館市電) | 本線・湯の川線・宝来・谷地頭線・大森線 |
| 栃木県 | 宇都宮ライトレール | 宇都宮芳賀ライトレール線 |
| 東京都 | 東京都交通局(都電) | 荒川線 |
| 富山県 | 富山地方鉄道 | 富山軌道線(本線・支線・安野屋線・呉羽線・富山都心線・富山駅南北接続線) |
| 富山県 | 万葉線 | 高岡軌道線・新湊港線 |

## ■路面電車

| 運行地域 | 事業者名 | 路線名 |
|---|---|---|
| 愛知県 | 豊橋鉄道 | 東田本線(豊橋市内線) |
| 福井県 | 福井鉄道 | 福武線 |
| 滋賀県、京都府 | 京阪電気鉄道 | 京津線・石山坂本線 |
| 京都府 | 京福電気軌道(嵐電) | 嵐山本線・北野線 |
| 大阪府 | 阪堺電気軌道 | 阪堺線・上町線 |
| 岡山県 | 岡山電気軌道 | 東山本線・清輝橋線 |
| 広島県 | 広島電鉄 | 本線・宇品線・江波線・横川線・皆実線・白島線 |

| 運行地域 | 事業者名 | 路線名 |
|---|---|---|
| 高知県 | とさでん交通 | 伊野線・後免線・桟橋線・駅前線 |
| 愛媛県 | 伊予鉄道(松山市内線) | 城北線・城南線・大手町線・本町線・花園線・連絡線 |
| 長崎県 | 長崎電気軌道 | 本線・赤迫支線・桜町支線・大浦支線・蛍茶屋支線 |
| 熊本県 | 熊本市交通局 | 幹線・水前寺線・健軍線・上熊本線・田崎線 |
| 鹿児島県 | 鹿児島市交通局 | 第一期線・第二期線・谷山線・唐湊線 |

## ■モノレール

| 運行地域 | 事業者名 | 路線名 | 運行区間 | 方式 |
|---|---|---|---|---|
| 東京都 | 東京モノレール | 東京モノレール羽田空港線 | モノレール浜松町駅~羽田空港第2ターミナル駅 | 跨座式 |
| 東京都 | 多摩都市モノレール | 多摩都市モノレール線 | 上北台駅~多摩センター駅 | 跨座式 |
| 千葉県 | 千葉都市モノレール | 1号線 | 千葉みなと駅~県庁前駅 | 懸垂式 |
| | | 2号線 | 千葉みなと駅~千城台駅 | 懸垂式 |
| 千葉県 | 舞浜リゾートライン | ディズニーリゾートライン | リゾートゲートウェイステーション駅~リゾートゲートウェイステーション駅(環状線) | 跨座式 |
| 神奈川県 | 湘南モノレール | 湘南モノレール江の島線 | 大船駅~湘南江の島駅 | 懸垂式 |
| 大阪府 | 大阪モノレール | 本線 | 大阪空港駅~門真市駅 | 跨座式 |
| | | 彩都線 | 万博記念公園駅~彩都西駅 | 跨座式 |
| 福岡県 | 北九州高速鉄道(北九州モノレール) | 小倉線 | 小倉駅~企救丘駅 | 跨座式 |
| 沖縄県 | 沖縄都市モノレール | 沖縄都市モノレール線(ゆいレール) | 那覇空港駅~てだこ浦西駅 | 跨座式 |

## ■新交通システム

| 運行地域 | 事業者名 | 路線名 | 運行区間 |
|---|---|---|---|
| 埼玉県 | 埼玉新都市交通(ニューシャトル) | 伊奈線 | 大宮駅~内宿駅 |
| 東京都 | 西武鉄道 | 山口線(レオライナー) | 多摩湖駅~西武球場前駅 |
| 東京都 | 東京都交通局 | 日暮里・舎人ライナー | 日暮里駅~見沼代親水公園駅 |
| 東京都 | ゆりかもめ | 東京臨海新交通臨海線 | 新橋駅~豊洲駅 |
| 千葉県 | 山万 | ユーカリが丘線 | ユーカリが丘駅~女子大駅~公園駅 |
| 神奈川県 | 横浜シーサイドライン | 金沢シーサイドライン | 新杉田駅~金沢八景駅 |
| 愛知県 | 愛知高速交通(リニモ) | 東部丘陵線 | 藤が丘駅~八草駅 |
| 大阪府 | 大阪市高速電気軌道(ニュートラム) | 南港ポートタウン線 | 住之江公園駅~トレードセンター前駅 ※トレードセンター前駅からコスモスクエア駅へ直通 |
| 大阪府 | 大阪港トランスポートシステム | ニュートラムテクノポート線 | トレードセンター前駅~コスモスクエア駅 |
| 兵庫県 | 神戸新交通(ポートライナー) | ポートアイランド線 | 三宮駅~神戸空港駅・市民広場駅~中公園駅 |
| 兵庫県 | 神戸新交通(六甲ライナー) | 六甲アイランド線 | 住吉駅~マリンパーク駅 |
| 広島県 | 広島高速交通(アストラムライン) | 広島新交通1号線 | 本通駅~広域公園前駅 |